Pereza

Lo que usted necesita saber para curar la postergación, dominar el manejo del tiempo y desarrollar la autodisciplina como un espartano de increíble fortaleza mental

© Copyright 2020

Todos los derechos reservados. Ninguna parte de este libro puede ser reproducida de ninguna forma sin el permiso escrito del autor. Los revisores pueden citar breves pasajes en las reseñas.

Descargo de responsabilidad: Ninguna parte de esta publicación puede ser reproducida o transmitida de ninguna forma o por ningún medio, mecánico o electrónico, incluyendo fotocopias o grabaciones, o por ningún sistema de almacenamiento y recuperación de información, o transmitida por correo electrónico sin permiso escrito del editor.

Si bien se ha hecho todo lo posible por verificar la información proporcionada en esta publicación, ni el autor ni el editor asumen responsabilidad alguna por los errores, omisiones o interpretaciones contrarias al tema aquí tratado.

Este libro es solo para fines de entretenimiento. Las opiniones expresadas son únicamente las del autor y no deben tomarse como instrucciones u órdenes de expertos. El lector es responsable de sus propias acciones.

La adhesión a todas las leyes y regulaciones aplicables, incluyendo las leyes internacionales, federales, estatales y locales que rigen la concesión de licencias profesionales, las prácticas comerciales, la publicidad y todos los demás aspectos de la realización de negocios en los EE. UU., Canadá, Reino Unido o cualquier otra jurisdicción es responsabilidad exclusiva del comprador o del lector.

Ni el autor ni el editor asumen responsabilidad alguna en nombre del comprador o lector de estos materiales. Cualquier desaire percibido de cualquier individuo u organización es puramente involuntario.

Índice de contenido

INTRODUCCIÓN 1
CAPÍTULO UNO: ¿POR QUÉ USTED NO ESTÁ CONSIGUIENDO HACER LAS COSAS? 4
CAPÍTULO DOS: ¿ES PEREZA O POSTERGACIÓN? 14
CAPÍTULO TRES: ROMPER EL CICLO DE LA PEREZA 21
CAPÍTULO CUATRO: LA DERROTA DE LA POSTERGACIÓN 29
CAPÍTULO CINCO: POR QUÉ USTED NO ES PRODUCTIVO 36
CAPÍTULO SEIS: LA IMPORTANCIA DE LA GESTIÓN DEL TIEMPO 44
CAPÍTULO SIETE: EL MÉTODO DE CONSEGUIR QUE LAS COSAS SE HAGAN 52
CAPÍTULO OCHO: LA PRODUCTIVIDAD DE LOS EXPERTOS SE VE AFECTADA 59
CAPÍTULO NUEVE: COMPRENSIÓN DE LA AUTODISCIPLINA 75
CAPÍTULO DIEZ: CÓMO IDENTIFICAR LOS MALOS HÁBITOS Y ROMPERLOS 83
CAPÍTULO ONCE: LA MENTALIDAD ESPARTANA: ESTRATEGIAS PARA LA FORTALEZA MENTAL 92
CAPÍTULO DOCE: CONSTRUIR LA AUTODISCIPLINA Y LA MOTIVACIÓN DIARIA 104
CONCLUSIÓN 111
REFERENCIAS 114

BARRON, K.E., Y J.M. HARACKIEWICZ. 2001. *ACHIEVEMENT GOALS AND OPTIMAL MOTIVATION* 114

TESTING MULTIPLE GOAL MODELS. JOURNAL OF PERSONAL SOCIAL PSYCHOLOGY. 114

DECI, E.L., R. KOESTNER, Y R.M. RYAN. 1999. *A META-ANALYTIC REVIEW OF EXPERIMENTS EXAMINING THE EFFECTS OF EXTRINSIC REWARDS ON INTRINSIC MOTIVATION. PSYCHOLOGICAL BULLETIN.* 114

ELLIS, A.E., Y W.J. KNAUS. 1979. *OVERCOMING PROCRASTINATION.* NUEVA YORK: NUEVA BIBLIOTECA AMERICANA. 114

FERARRI, J.R., Y T.A. PYCHYL, EDS. 2000. *PROCRASTINATION: CURRENT ISSUE AND NEW DIRECTIONS (SPECIAL ISSUE) JOURNAL OF SOCIAL BEHAVIOR AND PERSONALITY.* 114

HARRIOT, J.L., Y J.R. FERRARI. 1996. *PREVALENCE OF PROCRASTINATION AMONG SAMPLES OF* 114

ADULTS. PSYCHOLOGICAL REPORTS. 114

KELLY, G. 1955. *THE PSYCHOLOGY OF PERSONAL CONSTRUCTS.* NEW YORK: NORTON 114

KNAUS, W.J. 2000. *TAKE CHARGE NOW: POWERFUL TECHNIQUES FOR BREAKING THE BLAME HABIT*. NUEVA YORK: JOHN WILEY E HIJOS. 114

Introducción

Hay muchos libros que le darán teorías de psicología popular sobre la pereza, la postergación y la autodisciplina. Muchos de estos también lo dejarán criticándose a usted mismo en un intento de ser más disciplinado. La autocrítica nunca es la respuesta. La mejor manera de mejorar la calidad de su vida es tomar conciencia de usted mismo. Usted debe simplemente examinar su vida, tan objetivamente como pueda, antes de que pueda ver cómo convertirse en la mejor versión de usted mismo. ¡Usted tiene que echar un buen vistazo a la forma en que hace las cosas, para que finalmente pueda entender por qué es tan perezoso o posterga todo siempre cuando sabe que no debería hacerlo!

Este libro ha sido escrito para darte la solución a su problema. Una de las cosas clave que hay que señalar antes de sumergirse en este libro es que usted es más que cualquier etiqueta que haya aceptado como verdadera de usted mismo, y eso incluye las etiquetas "perezoso" y "postergador".

A medida que usted lee a través de las páginas de este libro, echará un vistazo a los mitos populares sobre la pereza y las ideas falsas sobre la postergación para que finalmente pueda deshacerse de su identidad como una persona débil, perezosa o postergadora, y volver a conectarse con su guerrero interior.

Cuando usted termine de leer este libro, habrá aprendido los secretos de cómo administrar su tiempo de manera efectiva, aumentar sus niveles de productividad y dominar el arte de la autodisciplina. Si usted pone las cosas que aprende en este libro en práctica, se encontrará conquistando cada día con algo de estilo y fluidez, como un profesional.

Toneladas de libros hacen que el manejo del tiempo, la autodisciplina y la fortaleza mental parezcan hazañas imposibles de lograr. Sin embargo, con la guía correcta, y la actitud correcta de su parte, se demostrará a usted mismo que es más que capaz de expresar estas cualidades en su vida cotidiana. El problema es encontrar la ruta de mapa adecuada sobre cómo seguir adelante con su día sin sentirse agotado y completamente vencido al final. Se trata de aprender cómo usted puede desarrollar el impulso, la pasión y el amor por lo que hace. Se trata de respetarte lo suficiente como para cumplir con los compromisos que se han hecho, especialmente en momentos en los que sería un alivio dejarlo.

Si usted está desesperado por entender por qué hace las cosas que hace... Si usted quiere saber cómo finalmente destruir los hábitos que sabe que han estado carcomiendo lenta y seguramente a usted y su vida... Si finalmente usted quiere recuperar los remos y dictar el curso que su vida debe tomar... Entonces, este libro es para usted.

¿Siente curiosidad por saber en quién podría convertirse si usted siguiera los principios establecidos en este libro? ¿Usted está listo para cambiar su vida para mejor? ¿Está preparado para que su mente vuele en los próximos meses, mientras se encuentra poniendo gradualmente distancia entre quién es ahora y quién fue en su pasado improductivo y perezoso? Si usted está realmente enfermo y cansado de no ser tan productivo como sabe que puede ser, y le gustaría hacer un cambio, entonces usted ha dado un gran paso al obtener este libro. Pero ¿puede leerlo todo y aplicar lo que ha aprendido?

Piense cuidadosamente en la respuesta a esa última pregunta. Si su respuesta es "sí", entonces por un momento, antes de pasar al primer capítulo, cierre los ojos, y haga un compromiso silencioso con usted mismo de que esta vez, tomará medidas. Usted hará cambios, no importa cuán pequeños sean, todos los días a partir de este punto. Tómese un momento para darse cuenta de que, si no sigue adelante, habrá roto la promesa que se hizo a usted mismo, y no puede haber mayor traición que esa. Usted merece ver lo increíble que puede llegar a ser. Todo comienza con la acción.

¿Está listo? Entonces comience este viaje hacia un diferente y mejor usted.

Capítulo uno: ¿Por qué usted no está consiguiendo hacer las cosas?

"Perezoso" es una palabra fuerte, así que quizás un mejor término es "participación selectiva". ¿Por qué? Bueno, mire la palabra "pereza", por ejemplo. El origen de la palabra es el latín *acedia*, que significa "sin cuidado". ¡Deje que la antigua Roma tenga la palabra justa para juzgar a la gente por tratar de conservar la energía!

La pereza es uno de los siete pecados "mortales" en las enseñanzas espirituales. Antes de ahora, se veía como una aflicción sufrida por los monjes. Se decía que estaban "afligidos" cuando se volvían indiferentes a sus obligaciones hacia Dios.

Hay un nuevo y maravilloso descubrimiento en los campos de la medicina y la salud mental. Este descubrimiento supuestamente reduce la ansiedad, aumenta la autoestima y la productividad, y ayuda a la satisfacción personal en general en la vida. Estudios posteriores de esta maravillosa droga supuestamente sugieren que hay pocos o ningún efecto secundario. Algunos efectos notables son la felicidad, la satisfacción con la finalización de los proyectos, la facilidad para realizar varias tareas a la vez, y pasar sin problemas de un propósito a otro. El efecto secundario más notorio es el potencial para la arrogancia y el comportamiento superfluo que solo ocurre con el uso prolongado, así que no hay que preocuparse por eso.

Este remedio milagroso tiene a la Administración de Alimentos y Drogas (FDA) de rodillas, queriendo conceder la aprobación por la vía rápida. Esto se debe a que, en cuestión de segundos, dominará los mercados farmacéuticos y los comerciales nocturnos. Tiene un antídoto, que se discutirá en capítulos posteriores. El nombre de esta droga maravillosa es... ¡Acción!

Sí, es así de simple. ¡Nunca se pueden descartar los beneficios de la acción!

¿Por qué tiene usted problemas para hacer las cosas?

Probablemente usted está muy familiarizado con algunas de las cosas que la voz en su cabeza dice. La voz que le dice que no es lo suficientemente bueno o inteligente, o que no tiene sentido ni siquiera intentar hacer algo. Échele un vistazo a algunas de las cosas que esa voz podría estar diciendo:

• *Usted siempre tiene prisa:* Sufre un trastorno en el que constantemente se queda sin tiempo. No es porque usted está haciendo las cosas demasiado rápido, sino porque usted está manejando demasiadas tareas a la vez. Esto lo mantiene perpetuamente atado al reloj.

• *Usted se estresa fácilmente:* Debido a que usted está perpetuamente en el modo de prisa, usted siempre está estresado y ansioso. Su vida es desordenada, y tiene la creencia fundamental de que usted es totalmente incapaz de hacer las cosas lo suficientemente rápido.

• *La planificación es un mito:* Usted cree que la planificación es para personas con mentalidades rígidas. Solo se despierta cuando las fechas límite llaman a la puerta.

• *Usted está desmotivado:* Usted sufre de una severa falta de motivación en todos los lugares excepto en la cama, el sofá y la cocina. Aquí, usted sigue poniendo excusas para las tareas que le asustan. Es más fácil para usted ponerse al día con las viejas películas de los 90 o ver El club del desayuno con un tazón de palomitas saladas. Usted sigue aplazando las cosas, pero su propósito de Año Nuevo durante años es tener más autodisciplina.

• *Usted no toma su propio consejo:* Usted es un genio en decirle a otras personas lo que tienen que hacer. De alguna manera usted no es demasiado perezoso para incubar planes maestros y hackear que hacen las cosas. El único problema es que usted es demasiado perezoso para hacerlos usted mismo. Sin embargo, cuando comienza, las posibilidades de completarlos son escasas o nulas.

• *Su amor por las horas completas no tiene rival:* Su deseo de redondear continuamente los puntos decimales a los diez o cien más cercanos va más allá de las matemáticas de la escuela media. Usted quiere hacer algo realmente importante, y son las 8:51 a. m. De alguna manera usted está en congelación de cerebro y no puede hacer nada hasta que lo posponga a la siguiente hora completa a las 9:00.

• *Los fines de semana y los días de semana se sienten igual para usted:* Como usted holgazanea durante la semana, el atraso lo tiene aprensivo durante el fin de semana. El TGIF no te hace cosquillas. Al no tener una hora fija para trabajar, nada se hace cuando debería.

• *Es usted un soñador:* Su falta de motivación le hace empezar a soñar con cosas aleatorias que podrían ser, pero que nunca pueden convertirse en su nuevo pasatiempo.

• *Habitualmente usted llega tarde*: Sus amigos se quejan casi a diario de que nunca llega a tiempo a su lugar favorito. En el instituto, le votaron como "el que más probabilidades tiene de llegar tarde a su propio funeral". Su jefe le grita, amenazando constantemente con descontarle el sueldo porque llega tarde, y no cumple con los plazos. Todo esto sucede porque tampoco nunca se levanta a tiempo.

• *La falta de confianza en usted mismo:* Usted tiene un montón de sueños, pero nunca los cumple. Usted cumple las promesas a los demás, pero no las que se hace a usted mismo. Como siempre usted se encuentra atrapado en un bucle predecible, ya no se molesta en hacer esas promesas.

• Usted se rinde fácilmente: Para usted, el estrés es para los tontos. Le encanta empezar de nuevo, pero cuando las cosas se ponen difíciles, levanta las manos en el aire en la derrota.

• *Es una persona propensa a un comportamiento adictivo*: Dormir, comer, beber y morderse las uñas son formas de ayudarlo a sobrellevar sus nervios que vuelan por todos lados a la menor provocación. Lo calman lo suficiente como para que usted evite hacer lo que se supone que debe hacer.

La ciencia detrás de la postergación

Los nativos de habla inglesa tomaron prestada la palabra *"procrastinación"* en el siglo XVI de la palabra latina *procrastinatus*. El prefijo pro significa "adelante", mientras que *crastinus* significa "de mañana". Es el participio pasado del verbo *procrastinare* con un significado similar "dejar para mañana". La postergación es un enemigo del autocontrol. La postergación ocurre cuando se da una tarea interesante a una persona con altos niveles de impulsividad y bajo autocontrol.

Ahora que usted conoce algunos de los hechos, en este punto, aquí hay un poco de consuelo. Todo el mundo posterga, pero no todo el mundo es un postergador. Así que por si acaso usted ha comenzado a sentirse culpable por esos impuestos no pagados, pagos atrasados de la hipoteca, tarjetas de Navidad y de cumpleaños atrasadas, o esa tarea que ha estado posponiendo porque "algo surgió", usted puede descansar tranquilo. No es un hábito si no es un delincuente reincidente.

Puede que usted haya escuchado de los expertos o leído en libros que la postergación es un defecto de carácter que afecta su capacidad para manejar el tiempo de manera efectiva. ¿Y si esta guía refuta esas teorías?

¿Y si el verdadero campo de batalla es su mente y no su calendario? ¿Y que su necesidad de seguir postergando tareas no es una cuestión de fuerza de voluntad, sino que puede estar asociada a un montón de cuestiones que incluyen, pero no se limitan a, el aumento de los niveles de estrés, así como la mala salud física y mental?

El hecho es que: Usted está programado genéticamente para dejar las tareas para más tarde. ¿Por qué? La capacidad de su cerebro para tomar decisiones acertadas está en un constante tira y afloja. Los principales contendientes son la corteza prefrontal, el sistema límbico y la amígdala.

La corteza prefrontal es una parte del lóbulo frontal del cerebro responsable de una variedad de comportamientos complejos, como la retención de información, el impulso y la toma de decisiones. Todo esto contribuye a que usted tenga el tipo de personalidad que tiene. Su corteza prefrontal solo constituye alrededor del diez por ciento del volumen total del cerebro. Se desarrolla en un patrón de atrás hacia adelante, haciéndolo como el último en el departamento de desarrollo del cerebro.

Esto no significa que los niños no tengan corteza prefrontal. Aún usted puede disciplinar a su hijo si tratan de usar eso como una excusa más tarde. Lo que les falta a los niños son las complejas habilidades de planificación y toma de decisiones que son el sello de la edad adulta. Es probablemente la razón por la que los niños no pueden decidir qué ponerse por las mañanas o qué cereal preferirían para el desayuno.

Un caso típico de daño en la corteza prefrontal fue el caso de americano la palanca. Este curioso caso involucró a Phineas Gage, un trabajador de la construcción de ferrocarriles americanos en el siglo XIX, que sobrevivió a un accidente en el que una gran barra de hierro le perforó la cabeza, destruyendo gran parte de su corteza prefrontal. La lesión dejó efectos duraderos en los 12 años restantes de su vida;

efectos tan profundos que sus amigos y compañeros de trabajo lo vieron como "no más Gage".

Una vez que fue un hombre responsable, ecuánime y trabajador, esta lesión lo dejó con cambios repentinos e inexplicables en su comportamiento, así como una falta de respeto por las personas o cosas que normalmente deberían ser tomadas en serio.

La historia de Phineas es importante porque este daño en esa parte del cerebro puede dejarle mal desempeño en tareas que requieren estrategias a largo plazo y manejo de impulsos. También le resultará difícil, si no imposible, planificar el tiempo y gestionar las tareas, lo que le dejará incapacitado para tomar decisiones acertadas. Si esta parte del cerebro está dañada, usted se rige por sus impulsos y deseos, muchos de los cuales pueden no ser racionales.

El sistema límbico

El sistema límbico es una serie de estructuras cerebrales consideradas como "El asiento de la emoción". Las tres funciones principales de este sistema son la excitación (estimulación), las emociones y la memoria. Esta parte del cerebro está muy involucrada en la planificación de la transmisión y la anticipación de la recompensa.

El último contendiente en esta batalla es la amígdala. Esta sección del cerebro le da importancia y significado emocional a la información sensorial. Es la razón principal por la que no importa cuánto usted odie a su jefe, no puede "abofetearlo" porque es consciente de que hará que lo despidan. El daño a la corteza prefrontal aumenta la actividad de la amígdala, causando mayores niveles de agresión.

Científicamente, la razón detrás de su creciente deseo de postergar las cosas se reduce al hecho de que, en este tira y afloja, su sistema límbico está ganando. Dicho esto, a veces la batalla que se desarrolla en su cabeza no siempre es algo malo. Puede ser que usted no se sienta bien en ese momento, o que usted esté bastante seguro de que no es el momento de manejar lo que sea que esté en su lista.

Las empresas hoy en día son conscientes de esta batalla en su cabeza y maximizan esta batalla para su beneficio. Google tiene algunos beneficios para los empleados, muchos de los cuales mantienen al personal en el trabajo. Después de todo, ¿por qué volver a casa cuando todo lo que necesita está en su lugar de trabajo?

Es increíble, de verdad. Si su flequillo se interpone en el camino de sus ojos durante una sesión de codificación seria, un corte de pelo gratis podría ser programado en el lugar de trabajo sin costo alguno. Usted dispone de lavandería, servicios médicos y el programa del 20 por ciento que le permite llevar a cabo proyectos personales especiales independientes y no relacionados con su carga de trabajo.

Lo mejor de esto es que cuando su corteza prefrontal lo arrincona y amenaza con sentenciarlo a una vida de reuniones programadas y servidumbre, usted puede ir a la sala de juegos y participar en un rápido juego de billar o pin pon o nadar en piscinas con bombas de agua eléctricas que mantienen el flujo en una dirección. ¡Hablando de maximización! ¡Usted puede complacer a su sistema límbico para que pueda tomar té y bollos con su corteza prefrontal más tarde!

¿Por qué la gente se vuelve perezosa y posterga las cosas?

Cuando se posterga, básicamente se evita hacer o terminar tareas cuando se es plenamente consciente de las consecuencias negativas. Hacer cosas y hacerlas son dos cosas diferentes. La primera es un acto, la segunda una actitud. ¿Qué prefiere usted tener? ¿Le encantaría la satisfacción de conseguir siempre las cosas que se propone, o preferiría sentarse desmotivado e inepto mientras sus tareas le miran a la cara? Mientras usted piensa en eso, aquí están algunas de las razones por las que usted se vuelve perezoso y posterga:

- **Las distracciones son abundantes.** Las distracciones son casi imposibles de evitar. Desde el momento en que usted se despierta, parece que un millón y una de las cosas que hay que hacer es luchar por el dominio en su cabeza, atrayendo su atención en diferentes direcciones. Algunas de estas distracciones son cosas que usted se ha dicho a usted mismo que no puede ayudar. Usted siente que tiene que revisar su correo electrónico, necesita saber cuáles son las últimas noticias, tiene tantas notificaciones telefónicas a las que llegar, usted necesita ponerse al día en su programa favorito... y así sucesivamente.

- **Desorganización.** No es un secreto que los hábitos organizados tienen un gran impacto en nuestro trabajo, productividad y capacidad para completar las tareas. Cuando se es desorganizado, su espacio de cabeza es desordenado, lleno de desorden, pensamientos y opiniones que usted no necesita. Su banco de memoria está tan lleno que no puede encontrar nada a tiempo, y si lo hace, suele ser en el último minuto.

- **El enfoque equivocado.** Una de las principales razones por las que usted carece de motivación para aplicarse a cualquier cosa es por la forma en que siente y mira las cosas. Su mentalidad es su mayor enemigo. Usted puede conocer o ser esa persona que va a trabajar usando pantalones desaliñados con un abrigo raído y zapatos a juego. Tal vez usted se desanime simplemente al entrar en un ambiente de trabajo. Tal vez usted es solo un cínico amargado. Vale, quizás no usted - diga que es otra persona y finja que solo está leyendo este libro para ayudarle.

Para ellos, no están de mal humor. Son todos los demás a su alrededor los que son molestos. Con una actitud tan negativa, temen las fechas límite, y si se ponen a trabajar, el aire está cargado de melancolía.

- **Estrés.** El estrés es la epidemia de salud del siglo XXI. Su cuerpo no está diseñado para estar en un estado de estrés perpetuo. Cuando usted está estresado, su productividad cae en picada. Su constante ansiedad no cambiará nada. Las facturas no dejarán de llegar, el trabajo no será menos exigente, y tampoco las horas se multiplicarán a su favor.

- **Miedo a la evaluación y a la retroalimentación negativa.** Todo el mundo ha experimentado esto. Esa sensación de incomodidad y esa pequeña voz que le susurra las muchas formas en que puede fallar incluso cuando no lo ha intentado. Usted quiere hacer esto, pero su iniciativa ha sido envuelta en lana y lanzada por la ventana.

La verdad es que no solo usted tiene miedo de fracasar, sino que se muere de miedo por lo que los demás puedan pensar. Estar asustado es una reacción perfectamente natural. Estar asustado es otra prueba de fuego.

- **Metas abstractas.** Cuando usted no tiene un propósito o no entiende qué es lo que debe hacer, la tarea queda sin terminar. Otras veces, usted sigue posponiéndola porque no la considera importante. Una de las formas de hacerlo es centrar toda su energía en el 80 por ciento de las tareas no esenciales que se pueden hacer más tarde porque son mucho más fáciles que el 20 por ciento más importante, lo que le daría resultados fenomenales.

- **Complicando las cosas.** Esta razón va de la mano con el estrés. Si usted tuviera un dólar por cada vez que pensó demasiado las cosas, usted sería super-duper rico.

Cuando usted piensa demasiado las cosas, usted sueña con escenarios complicados e ilógicos en su cabeza. Como su auricular favorito, todo se vuelve tan retorcido que toma tiempo extra para desenredarse.

- **Condiciones médicas.** Las enfermedades médicas incluyen la depresión, la ansiedad, el Trastorno por Déficit de Atención e Hiperactividad (TDAH), etc. Las enfermedades mentales tienden a reducir la motivación, la resistencia y la concentración.

- **Perfeccionismo.** ¿Alguna vez usted ha escuchado la cita, "El viaje de mil millas comienza con un paso"? Como perfeccionista, usted es altamente consciente y demasiado crítico de los errores. Todo tiene que hacerse bien. Usted se esfuerza incansablemente y se obsesiona compulsivamente con objetivos inalcanzables. Este deseo de hacer las cosas a su manera asegura que nunca empiece nada en primer lugar. ¡Hable del perfeccionismo con un complejo de aplazamiento!

- **Estimaciones de tiempo inalcanzables.** Usted sabe que tiene que llegar al trabajo a las 8 a. m. Su alarma está programada para las 6 a. m. El objetivo es llegar al trabajo a tiempo con minutos de sobra. Aun así, usted pone el despertador hasta las 7.30 a. m., pensando: "Mi ducha tarda menos de diez minutos; puedo tomar el desayuno en el camino". Esto se convierte en algo malo cuando usted se encuentra constantemente retrasado en su horario simplemente porque subestimó la rapidez con la que podía hacer su trabajo.

- **Prejuicios innatos.** Digamos que usted odia lavar la ropa. No, más que eso, usted tiene una seria fobia a escribir cartas formales y enviar informes. Usted siente que no es bueno en eso. Irónicamente, usted trabaja en un lugar donde los informes se envían por lo menos dos veces a la semana. Pero su prejuicio contra esta tarea es tan malo que prefiere lavar la ropa durante toda la semana en lugar de enviar esos informes. Es posible que usted apeste en una tarea en particular, o tal vez usted ha visto a otros luchando con ello. Simplemente se resiste y abandona antes de empezar. Todo lo que usted se dice a usted mismo es, "Cualquier cosa menos esto, cualquier cosa".

- **Hábitos aprendidos.** ¿Y qué si sus padres fueran unos vagos? Usted no tiene que adoptar esa actitud como propia. Sin embargo, es fácil copiar los modelos de conducta, especialmente los que comparten un techo. Usted acaba de crecer postergando las cosas como lo hicieron sus padres.

Ahora usted tiene una idea justa de por qué lo posterga, así que haga una clara distinción entre la postergación y la simple pereza. Después del siguiente capítulo, usted nunca va a mezclarlas de nuevo.

Capítulo dos: ¿Es pereza o postergación?

Probablemente usted es el tipo de persona que se identifica orgullosamente como un postergador. Usted nunca recoge sus libros para estudiar hasta días antes del examen. Los impuestos nunca se pagan a tiempo porque usted cuenta con que se le conceda una prórroga. Usted no puede evitarlo. Usted está en ese bucle, y es imposible salir de él.

Usted finge ser genial delante de sus amigos. Usted les dice, "No me importa realmente" o "No es para tanto". Este es exactamente el tipo de comportamiento que hace que la gente lo juzgue duramente, incluso cuando no lo merece. Hacen su juicio asumiendo que todos los postergadores son perezosos y descuidados cuando eso no podría estar más lejos de la verdad. A los postergadores les importa más que a la persona promedio. Lo sepan o no, los postergadores siempre se preocupan de si la gente se reirá de ellos, los ridiculizará, descubrirá la verdad sobre ellos, pensará que lo que hacen no está a la altura, etc.

La postergación tiene raíces profundas. Se deriva del miedo, el miedo al éxito, a lo desconocido, al juicio, a la desaprobación y al fracaso. Es más fácil no hacer una tarea que hacerla y enfrentar el riesgo de que otros lo ridiculicen o le den la espalda por ello. No importa el patrón de postergación que usted tenga, usted tiende a experimentar más emociones negativas en comparación con los no postergadores. Aplazar las tareas es su único mecanismo de afrontamiento, un hábito que una vez aprendido es difícil de romper.

Diferencias entre la postergación y la pereza

Hay una cita que dice: "La postergación es la disculpa de un hombre perezoso". Este es uno de los errores que ve que la gente comete cuando mezcla la postergación y la pereza. Los dos pueden parecer iguales, pero diferentes principios los guían.

Aquí están las diferencias entre los dos:

1. Más tarde versus nunca. Cuando lo pospone, retrasa intencionalmente la finalización del trabajo que usted debe hacer, pero lo hace eventualmente. La pereza, por otro lado, es una renuencia o falta de voluntad para intentar hacer cualquier esfuerzo. Las diferencias radican en sus palabras de raíz. Pereza es de la palabra alemana media-baja *lasich*, que significa "flojo, débil o cojo", mientras que postergación es de la palabra latina *poscrastinus*, que significa "adelantado o perteneciente al mañana", como ya se ha mencionado.

Digamos que usted tiene una lista de actividades (personales y oficiales) que deben ser completadas antes de las 3 p. m., que es la hora de recoger a los niños de la escuela. La postergación lo tiene descansando en el sofá o en la cama mirando toneladas de videos en YouTube, manteniéndose al día con viejos amigos de la universidad en Facebook, y decidiendo que ahora sería el mejor momento para ponerse al día con los nuevos episodios de *Orange Is the New Black* en Netflix.

Usted hace esto hasta la 1 p. m. cuando ¡bam! De repente recuerda que tiene cosas que hacer y comienza a trabajar en un frenesí, tachando todas las tareas que tiene contra las que no puede hacer ahora mismo, todo antes del plazo límite a las 3 p. m.

La pereza, por otro lado, le haría saber que hay una lista de cosas por hacer (que probablemente no hizo usted mismo), pero por su vida, parece que no puede reunir la energía o la voluntad para realizar ninguna de las tareas. Todo lo que usted quiere hacer es sentarse en cuclillas todo el día. Su principio de trabajo como persona perezosa sería "no puedo alcanzarlo; no lo necesito".

2. **Culpa versus.... meh.** La gente perezosa nunca tiene la intención de hacer el trabajo en primer lugar, y como tal, no siente culpa. Los postergadores, por otro lado, sienten una gran culpa por la tarea dejada de hacer. Hacen las mismas intenciones de trabajo y compromisos que los demás. El único engranaje de la rueda es que es poco probable que lo cumplan, incluso en su propio detrimento.

¿Dejar las cosas para hacer hasta más tarde es siempre postergarlas? No. La postergación no debe confundirse con la programación, en la que se aplazan las tareas para hacerlas sistemáticamente en un momento o fecha posterior. La programación evita que se apresuren las cosas como lo hacen los postergadores.

3. **Renuencia versus rechazo.** Con la pereza, se rechaza la tarea por completo. Cuando usted aplaza, ignora el trabajo, luego se ríe de él, lucha contra él, luego gana, y usted lo hace. Cuando usted es perezoso, usted sufre de severos problemas con las habilidades de manejo del tiempo y la autodisciplina, lo que hace que usted se niegue a reconocer el trabajo a realizar. Los postergadores simplemente dicen, "No se preocupe, lo haré más tarde", o "Todavía tengo tiempo".

4. **Activo versus pasivo.** La pereza es un proceso pasivo que bordea la inactividad, la apatía y la falta de motivación. La postergación es un proceso activo. Uno muy activo. Cuando usted elige postergar, usted sustituye una actividad por la que está activamente evitando o se supone que debe hacer. Así que en lugar de pagar las facturas o recoger la ropa de la tintorería, usted "se tropieza con" divertidísimos videos de gatos en YouTube, y piensa, "Oh, solo vivo una vez. Así que, ¿por qué no hacerme reír mientras lo hago?". Eso, o usted elige algo más fácil y menos importante en su lista de cosas por hacer.

Su pereza es un mecanismo de afrontamiento para los problemas más profundos que plagan su psique. Usted podría ser un brillante estratega, que es inteligente en comparación con el resto de sus compañeros y trabaja bien bajo presión, pero aun así podría ser descuidado.

Usted usa su inteligencia para tomar atajos porque es capaz de ver atajos que otros no ven, pero eso es solo cuando usted se acerca a admitir que la tarea es lo suficientemente importante. Mientras que estos atajos pueden ser grandes para la productividad general, es similar a meter la ropa en el armario cuando se le pide que limpie su habitación. Más temprano que tarde, la ropa se derramará como los pequeños secretos sucios que son. Su pereza crea un patrón subconsciente de no preocuparse, lo que resulta en un trabajo mal hecho. Esto no es un problema porque... ¿no es como si le importara de todas formas, ¿verdad?

Su hábito de postergación está ligado a un miedo profundamente arraigado a tomar decisiones equivocadas, y a un patrón subconsciente de inactividad impulsado por el miedo que tiene las consecuencias de la retroalimentación negativa y la autocrítica. Esto crea una situación en la que usted se culpa continuamente por no cumplir con sus propias expectativas deseadas. Usted se siente mediocre. Pequeño. Como un fracaso. Usted sigue mirando por encima de su hombro, preguntándose cuándo terminará la farsa, cuando la gente le verá por lo que es y en lo que se ha convertido. Con el tiempo, esos sistemas de creencias negativas se afianzan en su proceso de toma de decisiones. Usted vive por la emoción de simplemente quedarse quieto porque entonces nadie puede señalar con el dedo.

A partir de estas diferencias, se puede ver que, contrariamente a lo que la gente piensa, estos hábitos no se parecen en absoluto. La postergación se manifiesta en favor de las actividades menos estresantes en lugar de las que importan, mientras que la pereza es el mecanismo de defensa del cerebro que entra en acción contra la fatiga y el estrés. Es el termostato de su cerebro el que le dice, "Oye, nos hemos quedado sin energía aquí. Tomemos un descanso".

Las muestras de pereza de vez en cuando son normales. Aun así, una vez que usted se vuelve crónicamente perezoso, corre el riesgo de que este hábito le afecte a su vida personal y profesional para peor.

La pereza y el gen del teleadicto: La ciencia que respalda la pereza

Muchos investigadores han hecho estudios que confirman que su tendencia a no hacer nada, la mayoría de las veces, incluso cuando realmente usted tiene que hacerlo, podría reducirse a la genética. En otras palabras, sus padres son tan culpables como usted.

Las hipótesis que se deducen del estudio del gen de la pereza

Algunas mujeres tienen un alelo específico o una variante del gen que las hace más vulnerables al comportamiento perezoso en comparación con las mujeres en las que el gen estaba ausente. El gen de la pereza y la variante del gen que se encuentra en las mujeres propensas a la pereza están relacionados, ya que el gen es responsable de regular la dopamina, que es la hormona de la sensación de bienestar o del placer en el cerebro.

A partir de las hipótesis anteriores, usted podría haber resumido que su adicción a Candy Crush y Minesweeper no es solo lo que es. Se trata de algo más que la falta de motivación y fuerza de voluntad.

Entra el "gen del teleadicto". Hace algún tiempo, un grupo de brillantes científicos de Aberdeen, Escocia y China publicaron un estudio que explicaba las razones por las que algunas personas son amantes de la actividad mientras que otras no lo son. Usted podría ser parte del uno por ciento que no hace levantamiento de pesas todos los días o hace *Insanity* de tres a cinco veces por semana, y sin embargo come un camión lleno de carbohidratos y nunca aumenta de peso. Si esto lo describe, ¡bravo! Grandes genes. Pero este capítulo no trata de eso.

Este capítulo está aquí para transmitir los hallazgos científicos de personas más inteligentes que han trabajado incansablemente y con éxito lograron vincular su fuerza de voluntad (o la falta de ella) a la presencia de un gen particularmente molesto llamado "gen del teleadicto".

Los científicos estudiaron los patrones de ejercicio de los ratones y descubrieron que este gen mutado afectaba a un tipo particular de receptor de dopamina que, a su vez, provocaba una disminución de la capacidad de obtener placer del ejercicio y una falta de motivación para levantarse y ponerse en movimiento. Este gen mutado el gen del teleadicto que se ve en los ratones perezosos, fue llamado el gen D3 de la familia de portadores de solutos 35, o el SLC35D3.

Este gen es un gen codificador de proteínas. Su presencia causa todo tipo de síndromes metabólicos relacionados con la deficiencia de dopamina. Básicamente, este gen inhibe el mensajero químico del cerebro de la recompensa y la motivación, dejándole desanimado.

La falta de dopamina causa todo tipo de cosas torpes como dolores, calambres musculares, espasmos y temblores. Noticia de última hora: La dopamina es mucho más que una hormona para sentirse bien. Si es muy poca, le cuesta hacer las tareas más simples, como levantarse de la cama por la mañana, recordar dónde guarda las llaves, etc. Los bajos niveles de dopamina le hacen sentir aburrido, desmotivado y, peor aún, deprimido.

Según las pruebas realizadas, los ratones que pasaban más tiempo corriendo sobre ruedas de ratón en sus jaulas tenían un sistema de dopamina más desarrollado, que transmitían a sus descendientes. No solo las ratas de gimnasio corrían más, sino que su progenie también había aumentado los niveles de actividad que se manifestaron hasta 16 generaciones más tarde.

Los ratones que eligieron el camino menos estresante, haciendo ejercicio día por medio, tenían deficiencias en su sistema de dopamina y, como resultado, aumentaron de peso. Su descendencia tuvo una consecuencia aún más triste, una disminución del 45 por ciento en la salud física y la actividad. Lo mismo puede decirse de los seres humanos. Las posibilidades son que, si usted tiene padres holgazanes, usted puede terminar siendo uno. Todo el material científico resume que, si usted es perezoso, no es el único culpable. Sus padres, con la ayuda de la naturaleza y la genética, se aseguraron de que usted tenga una razón viable. Usted carece de un receptor de dopamina específico, uno que la ciencia ha demostrado que es necesario para el aumento de la actividad. Su pereza genética predispuesta es un poco más difícil de superar en comparación con otros factores como los factores ambientales y sociales que influyen en la actividad.

Sin embargo, una advertencia: tener el gen del teleadicto no le da una excusa para aflojar en sus deberes. En todo caso, debería recordarle que, aunque la mayoría de las tareas parecen cansarle antes de empezar, no hay nada que no pueda conseguir si se esfuerza. El apuro que conlleva el cumplimiento de una tarea es una recompensa que siempre vale la pena, sin mencionar que el hecho de completar sus tareas le acerca cada vez más a sus objetivos.

Capítulo tres: Romper el ciclo de la pereza

Todo el mundo necesita días de ocio en los que pueda holgazanear haciendo todo lo que le gusta. Cuando usted comienza a disfrutar de esos días de descanso un poco demasiado sin ninguna consideración por el trabajo que se deja atrás, entonces se convierte en un problema. Si usted está hasta el cuello en el hábito de la pereza, tiene que enfrentar el hecho: No va a desaparecer fácilmente.

Un simple chasquido de sus dedos no cambiará todos sus hábitos perezosos por otros productivos. Esto se debe a que la pereza es como un cáncer que se come todo lo que está relacionado con usted. Su vida personal, su ética de trabajo, su forma de actuar, sus sueños para el futuro... ¡Todo!

Mírese bien a usted mismo. No es necesario un espejo. Use el ojo de su mente. Ahora piense en dónde está ahora y compárelo con dónde podría estar si usted sigue los consejos que se dan a continuación.

9 consejos seguros para vencer a la pereza

1. Descubrir la causa de fondo. ¿Usted está quemado por tener dos trabajos? ¿Una semana de 40 horas? ¿Solo tiene derecho a dos semanas de descanso por 50 semanas de trabajo? ¿Ha sido su horario así desde que tiene memoria? Entonces es hora de una intervención. Incluso los antepasados de la Edad de Piedra se las arreglaban bien con 20 horas semanales.

¿Por qué usted trabaja demasiado en primer lugar? ¿Las tareas son abrumadoras, o simplemente usted es apático para trabajar? Todos estos son problemas distintos que requieren diferentes soluciones. Encontrar la raíz de su pereza es un paso en la dirección de convertirse en una persona más motivada.

2. Deshágase de sus suposiciones. ¿Usted es del equipo #teamgarfield? ¿Quizás afirme que la pereza es uno de los principales rasgos de su personalidad? ¿Usted se resigna a un estilo de vida de letargo? ¿Usted ha dejado que se convierta en una parte fundamental de lo que es? Entonces usted necesita un cambio de perspectiva. La pereza inherente existe, pero no es tan común como usted piensa. Cuando usted asume que es intrínsecamente perezoso, ignora el problema: usted. Si usted quiere ver cambios, entonces el primer paso es deshacerse de sus suposiciones sobre usted mismo y desarrollar una mejor mentalidad. Mientras usted siga haciendo estas suposiciones perjudiciales, su ética de trabajo se verá afectada.

3. Identifique el valor de su trabajo. Incluso después de mejorar su mentalidad, es natural a veces dudar de usted mismo y no ver el valor del esfuerzo que hace. Puede que usted empiece a sentir que todo es una pérdida de tiempo. La manera más fácil de trabajar en torno a este tipo de pereza es hacer un hábito de escribir las razones por las que usted hace lo que hace, y cómo van a beneficiar su vida. Escriba esto junto con sus objetivos para que cualquier hábito positivo que adquiera y cualquier tarea que decida hacer valga la pena. Este simple cambio le dará nueva energía y cambiará totalmente su juego.

4. Rastree su progreso. A medida que usted comienza a descartar esos viejos hábitos, no se olvide de controlar su vida. Las mejoras más pequeñas pueden motivarlo en el futuro. Una vez que empiece, manténgase en su rutina.

La pereza se alimenta de su falta de fuerza de voluntad. La pereza es un hábito, no un rasgo de personalidad. Como todos los demás hábitos, puede romperse. Consiga aplicaciones como Driven, Airtable y Evernote que le ayuden a llevar un registro de su trabajo y su progreso.

Establezca objetivos específicos con estas aplicaciones y márquelos cuando los alcance. Sin embargo, le advertimos que algunas de estas aplicaciones tienen recordatorios irritantes y ruidosos que hacen un excelente trabajo al molestarle durante el tiempo suficiente para que usted sea responsable. Estas aplicaciones guardan evidencia física de lo lejos que usted ha llegado. Mirando hacia atrás en su historial cuando no se siente particularmente bien para nada, algunos días pueden ser un gran motivador. Le dan ese impulso extra de aliento, para que supere los obstáculos y persevere.

Habrá momentos en los que usted sienta que su trabajo duro no le está llevando a ninguna parte. Usted está haciendo todo esto, invirtiendo su sudor, sangre y lágrimas para mejorar. Sin embargo, la báscula de su baño le dice que no está haciendo lo suficiente. Es en momentos como este que usted tiene que recordar que el cambio es un proceso gradual. Puede que usted no lo vea realmente hasta que honestamente compare dónde usted está ahora con dónde solía estar.

5. Redescubra su dirección. Pregúntese qué pasa si deja las cosas como están. ¿Cómo le haría sentir eso? ¿Feliz? ¿Triste? ¿Totalmente frustrado? Esta es una pregunta importante pero incómoda. Si usted lucha con el hábito de la pereza, el futuro es lo último que usted quiere imaginar. El "aquí y ahora" es un capullo seguro.

¿Dónde se ve a usted mismo dentro de cinco años? ¿En diez? ¿Le gusta la persona en la que se está convirtiendo? Estas preguntas hipotéticas ayudan a poner las cosas en perspectiva. Usted puede evaluar sus condiciones actuales y su estilo de vida para ver si usted está en el camino correcto. Si no lo está, usted estará motivado para corregir cualquier hábito negativo y hacer cambios duraderos en su estilo de vida.

6. Establezca una rutina matutina e incorpore el ejercicio en su horario. Hay un video en YouTube de una bloguera sueca que incorpora baños de hielo en su rutina matutina. Esto es algo nórdico, pero ver a Jonna Jinton hacerlo, nada menos que en invierno, es impresionante.

Suecia es conocida por sus políticas progresistas y sus temperaturas realmente frías, así que tiene mucho sentido. Esta rutina refuerza el sistema inmunológico, previene la gripe, alivia el estrés y da a los suecos la energía necesaria para pasar el día. Si usted no es de los que toman medidas extremas, entonces tal vez solo haga una rutina de ejercicios. Mucha gente se entusiasma con los beneficios del ejercicio para combatir la pereza, especialmente cuando se hace a primera hora de la mañana.

Un entrenamiento estimula su metabolismo, le da energía y aumenta su capacidad de concentración. Durante una gran parte del día, usted se transforma en un goteo de energía intravenosa para caminar y hablar.

7. Arréglese. Vestirse es un consejo particularmente ingenioso para usted si trabaja desde su casa. Si no puede encontrar lo que necesita para salir de la cama, saltarse Facebook, o para afinar su plan de negocios, tal vez usted puede considerar cambiar de esos pantalones cortos y esa camiseta raída. Perder su ropa cómoda es un pequeño precio a pagar para tener algo de motivación y productividad. Cuando usted se viste diferente, actúa y se siente diferente. Prepare ropa con clase que le haga sentir como un ganador. Haga un punto especial de su deber en la mañana para vestirse como un campeón.

8. Adopte el intercambio de trabajo de los perezosos. Puede que usted haya oído que la mejor manera de ser productivo es trabajar durante horas y horas. ¡Mentira! Usted podría despertarse por la mañana y decirse a usted mismo, "¡Hoy es el día! Voy a hacer todo ahora mismo". Malas noticias: Usted no es una máquina. La gente que valora su cordura no trabaja así. Incluso las personas más productivas tienen períodos de inactividad durante el día. Así que, es mejor que no se aferre a esta ideología imposible.

Usted no puede esperar que su pobre cerebro siga produciendo chismes productivos durante ocho a doce horas seguidas. No hay nada de lo que avergonzarse si usted se siente cansado después de trabajar durante una hora. Se merece un descanso.

De hecho, los descansos son formas increíblemente útiles de mantenerse productivo cuando usted se siente perezoso. Al igual que una dieta de moda, se trata de porciones. Digamos que usted quiere ver un episodio de su programa favorito. Un episodio típico debería durar al menos 30 minutos, ¿no? Todo lo que usted necesita hacer es ganarse su tiempo de pereza.

Este libro recomienda la proporción 1:3. Por cada minuto de inactividad que usted pasa, tiene que trabajar durante tres minutos seguidos. Sí, usted no se conformará con solo ver a Cersei Lannister por un minuto, ¿verdad? Así que, para ver el episodio completo, usted tiene que trabajar durante 90 minutos. El tiempo de inactividad se convierte en su motivación.

Si usted sigue esta regla, puede que incluso se encuentre trabajando más duro de lo que normalmente lo hace cuando note que su descanso se aproxima. Puede que usted incluso trabaje más allá del tiempo asignado porque está tan absorto en su trabajo que ni siquiera recuerda su tiempo de inactividad.

9. Perdónese a usted mismo. Solo es humano. A veces usted puede resbalar en cualquiera o en todos estos pasos. No se castigue o haga un drama al respecto. Perdónese, aunque no cumpla los objetivos, crea en usted mismo, aunque no sea productivo.

Mantenga la sonrisa en su cara y su actitud positiva. Es fundamental que usted aprenda a perdonarse a sí mismo cuando vacile. Solo porque usted se equivocó muy mal una o dos veces no significa que usted tire sus objetivos por la ventana.

Usted no tiene derecho a hacer eso. Todos estamos juntos en esto. Lo más probable es que usted falle muchas veces. Todos lo hacen. Lo correcto es no permitir que esos baches en el camino causen estragos en su motivación y autoestima. Siga creciendo, y un día, poco tiempo después, se convertirá en la persona que quiere ser.

Pereza estratégica: Una herramienta para acelerar el progreso

Usted lamenta no haber podido devolver ninguna de las llamadas de su amigo. Usted desearía haber ido al ensayo del baile de su hija como lo prometió, pero su jefe programó una reunión de último minuto, y aunque al principio pensó que era una completa pérdida de tiempo, terminó siendo un acontecimiento especial. A usted le encantaría pasar más tiempo con su familia. Es una promesa que usted se hizo a usted mismo a principios de este año. Incluso usted tiene un viaje increíble planeado con boletos reservados con meses de anticipación, pero con su nueva promoción, sus plazos son más ajustados que antes, y tiene que cumplir con su objetivo para el trimestre.

Elecciones, elecciones, elecciones. Usted las hace todos los días. En su mayor parte, se trata de un reflejo. Sus elecciones de trabajo reemplazan el tiempo de calidad que pasa con sus amigos, su familia e incluso con usted mismo. Por eso este libro propone... Pereza estratégica.

La pereza es un arte perdido, el arte de no hacer absolutamente nada. Este siglo está lleno de ruido blanco, vida acelerada y distracciones sin sentido. Usted casi nunca pasa el tiempo sin hacer nada. En cambio, usted pasa el tiempo arrastrando los pies de una actividad a otra. Desde navegar por la red hasta revisar su correo electrónico. Actividades que lo dejan aún más cansado. No es de extrañar que el 80 por ciento de la población mundial sean formas de vida dependientes de la cafeína. ¿Cuándo fue la última vez que usted puso sus pies mentales en alto?

En cualquier momento, su mente está desenfocada o concentrada. Cuando está enfocada, recibe todos los elogios, la atención. Así que usted se olvida del poder sin explotar que reside en la mente desenfocada. Usted tiene que entender que mientras su mente enfocada asegura su productividad, la desenfocada construye su creatividad.

Recuerde su último momento de eureka, la última gran idea que tuvo. Lo más probable es que tal maravilla no haya nacido en sus horarios de oficina habitual. Usted puede haber estado caminando tranquilamente, o en la playa preguntándose por qué no hay "té" en el té helado Long Island. Entonces, como un relámpago, usted se transformó en Einstein.

Hay una razón probable por la que su cerebro se conecta con estas increíbles ideas en los momentos más extraños. Cuando está inactiva, su mente se va de viaje (sin LSD) a lugares fascinantes. El 48 por ciento del tiempo, es el futuro, el 12 por ciento del tiempo es el pasado, y el 28 por ciento del tiempo se queda en el presente. Estos porcentajes no son exactos, y de todas formas no importan. El punto es que con la ociosidad se pueden lograr grandes cosas como:

- *Planes.* Como usted tiene más pensamientos sobre el futuro en este momento, cuando su mente está desenfocada, sus objetivos a largo plazo bailan felizmente en perspectiva. Sin embargo, actuar sobre los objetivos es otra cosa completamente diferente.

- *Descanso.* Cuando su mente y su atención están en equilibrio, usted también lo está. La pereza estratégica juega un papel muy importante en la restauración de la energía perdida al enfocarse para que puedas ser más productivo más tarde. Usted puede permanecer ocioso mientras hace tareas ligeras y habituales que no impliquen una gran cantidad de pensamiento para hacer fluir sus jugos creativos.

Jane McGonigal es una gran defensora de los juegos como terapia creativa. Con un espíritu animal como el pulpo de coco, está garantizado que será una divertida BFF. Cuando usted está en un momento de diversión, deje la tarea, manténgase ocioso, o mejor aún, pruebe diez minutos de Tetris o Candy Crush para ayudarle a ganar la batalla contra el agotamiento.

- *Pescar ideas.* Las mejores ideas contrarias a la intuición vienen cuando usted está desenfocado. Así que no permita que nadie lo menosprecie o lo abofetee por estar ocioso. Disfrute de ello. Haga que su pereza trabaje a su favor. Disfrute de decirle a la gente que está muy ocupado sin hacer absolutamente nada. Porque, aunque parezca que usted es perezoso física y mentalmente, está sucediendo exactamente lo contrario.

Consejo profesional: Estar ocioso más a menudo. Las mejores cosas suceden cuando usted no hace nada en absoluto. Relájese sin culpa ni vergüenza. Luego, cuando usted tenga una idea increíble de cómo ser más productivo o lograr sus objetivos, vuelva a la acción.

Capítulo cuatro: La derrota de la postergación

La postergación arrastra a todo el mundo. Afecta aproximadamente al 95 por ciento de la población. Al igual que una úlcera, hay que controlar los síntomas para que no se manifiesten. Cuando estos signos comienzan a manifestarse, significa en realidad que usted no es consciente de usted mismo, o que usted ha dejado de lado sus limitaciones.

La ecuación de la postergación

La ecuación de Piers Steel, llamada así por el Dr. Piers Steel, también se conoce como la ecuación de la postergación:

Motivación = Expectativa x Valor

Impulsividad x Retraso

Antes de que esto empiece a sonar algebraico, aquí hay un desglose de la ecuación.

- La motivación es la voluntad de trabajar, lo opuesto a la postergación.
- La expectativa es su expectativa de éxito al final de la tarea y la recompensa anticipada.

- El valor se refiere a cuánto usted disfruta haciendo la tarea y cuánto usted disfruta de la recompensa. Cuanto mayor sea el valor, más rápido se llega al trabajo.

- La impulsividad se refiere a la tendencia a distraerse con otras cosas. La alta impulsividad es la razón por la que usted es atraído a Instagram o Tik Tok en lugar de centrarse en la tarea en cuestión.

- El retraso es el lapso de tiempo hasta la recepción de la recompensa. Cuanto mayor sea el retraso, más probable es que usted lo posponga. Su cerebro está conectado para excitarse con objetivos a corto plazo que tienen recompensas más rápidas. Un retraso le indica a su cerebro que deje la tarea para más tarde.

¿Quién necesita la ecuación de la postergación?

¡Usted la necesita! ¿Por qué? Si usted está leyendo este libro, probablemente usted se encuentre:

- Luchando con la postergación,
- Alimentando el deseo de estar más motivado, o
- Tratando de ser extra productivo.

La ecuación de Piers Steel aborda la postergación desde la lente de la motivación. El objetivo aquí es maximizar la expectativa y el valor (la primera mitad de la ecuación) mientras se reduce la impulsividad y el retraso.

La primera mitad de la ecuación tiene una relación directa con la motivación, mientras que la segunda mitad (impulsividad y retraso) tiene una relación inversa. A continuación, se presentan algunos pasos para sofocar la postergación teniendo en cuenta esta ecuación.

13 maneras de abordar la postergación

1. Divida su trabajo en trozos. Con cualquier tarea que usted necesite realizar, ya sea completar un proyecto, escribir su tesis, o estudiar para un examen, encuentre el tiempo para dividirlo en trozos más pequeños.

Hacer esto aumenta las expectativas en la ecuación de la postergación porque es menos probable que usted posponga las tareas que parecen pequeñas para realizarlas en comparación con las tareas grandes. Trabajar en trozos más pequeños y enfocados es mucho más productivo que tratar de hacer todo de una sola vez. Con esta limitación hecha por usted mismo, usted descubre que no importa cuánto deteste la tarea en cuestión, se convierte en algo soportable porque no lo hará todo de una vez. Con la repetición, incluso usted puede encontrarla terapéutica.

2. Mantenga las cosas pequeñas. El obstáculo más difícil cuando se trata de hacer las cosas es empezar. Aquí hay un poco sobre la Técnica Pomodoro. Inventada por Francesco Cirillo a finales de 1980, esta técnica de gestión del tiempo ha estado trabajando su magia incluso hasta este siglo. Con esta técnica, se divide el trabajo en trozos más pequeños y luego se los une a un intervalo de tiempo (tradicionalmente 25 minutos) llamado Pomodoro.

Cada Pomodoro está separado por breves descansos, normalmente de cinco minutos cada uno. Usando esta fórmula, se le anima a usted a trabajar con el tiempo en lugar de contra él. Después de cuatro sesiones de Pomodoro, se toma un descanso más largo de unos 15 a 20 minutos. La idea es que el temporizador está configurado para inculcar un cierto sentido de urgencia. Esto le permite a usted concentrarse en cada tarea de cada Pomodoro sin realizar varias tareas a la vez que espera con ansias sus descansos (aumentando la expectativa). Durante los cinco minutos del tiempo de espera, puede prepararse una taza de café o té, estirarse, caminar o hacer ejercicios de respiración profunda. Aquí está la razón por la que necesita adoptar este método ahora:

- Su motivación se dispara. Usted está más decidido a lograr sus objetivos. El temporizador o cronómetro sirve como un motivador externo.

- Se alcanzan mayores niveles de energía porque la presión para completar las tareas es leve. El sistema de recompensas (pausas) sirve como oportunidades para hacer una pausa y refrescarse antes de empezar de nuevo.

- Se desarrolla la determinación de seguir adelante incluso cuando es la última cosa que se quiere hacer.

- El aumento de la concentración se pone en marcha. Básicamente está en el modo bestia. Usted se mantiene en la tarea sin interrupciones entretenidas.

3. Disminuya sus expectativas cuando empiece. Digamos que usted solo puede hacer cinco flexiones de brazos. Si usted comenzara un régimen de ejercicios después de estar oxidado por tanto tiempo, ¿Usted comenzaría con su límite, o preferiría comenzar en forma pequeña y trabajar en su camino hacia arriba? Tómese las cosas con calma y ponga el listón bajo, incluyendo sus objetivos, que deberían estar a niveles inferiores a sus capacidades al principio, para que, con el tiempo, mejore. De esta manera, usted no se fija objetivos que lo lleven al fracaso desde el principio.

4. Trabaje con inteligencia, no con fuerza. Trabajar duro es casi siempre un fracaso cuando no se hace bien. Empiece con las cosas más importantes del día, divida esas grandes tareas en trozos más pequeños (preferiblemente antes de que empiece el día), y luego céntrese en esas tareas. De esta manera, cuando su energía disminuya a lo largo del día, usted podrá ocuparse de las cosas más pequeñas y no esenciales. Si usted nota que tiende a ser más productivo al mediodía o por la tarde, entonces programe las cosas más importantes para ese momento del día en el que puede dar lo mejor de sí mismo.

5. Observe los problemas a los que se enfrenta. Estos problemas son los que usted salta intencionalmente, como las canciones de una reproducción extendida (EP) que no le interesa escuchar. Este consejo requiere que usted se enfrente a sus miedos. Anótelos. Usted sabe exactamente cuáles son esas tareas problemáticas. Es necesario que usted piense mucho antes de escribirlas. Asegúrese de que una vez que estén en el papel, no se verán tan desalentadores como parecían en su cabeza. A partir de ahí, usted podría descomponerlos o abordarlos usando un sistema que funcione para usted.

6. Siga la regla de los dos minutos. La regla de los dos minutos dice que cuando usted se enfrente a una tarea que tome menos de o exactamente dos minutos, simplemente hágala. "Eso" podría significar cualquier cosa. Podría ser lavar los platos, o sacar la basura e incluso limpiar su habitación. ¿Cómo usted puede incorporar esta regla en su rutina? Haga una lista. En esa lista, marque todas las tareas que se pueden realizar en dos minutos o menos y ocúpese de ellas inmediatamente. Eso no quiere decir que usted deja el resto flotando en el aire. Las otras tareas pueden ser desglosadas o abordadas usando el siguiente método explicado a continuación.

7. Use la ley de Parkinson. El principio de Parkinson establece que el trabajo se expande para llenar el tiempo asignado. Básicamente, si una tarea se establece para ser completada en un año, se hará en un año. Si se establece para seis meses, se hará en seis meses.

La Ley de Parkinson solo funciona bien cuando se hace uso de plazos razonables. No se puede meter el material de un semestre en una semana. Es simplemente imposible. A menos que usted sea Ichabod Crane, para usar esta ley a su favor, usted debe aprender a escoger las horas de poder. El cerebro trabaja en ciclos de picos y valles. Cuando usted escoge una hora de poder, desglosa su trabajo para llenar cada hora para que cuando su motivación llegue a un punto bajo, pueda tomar un merecido descanso. Esto aumenta el rendimiento máximo. Sin embargo, usted debe honrar sus horas de poder manteniéndose enfocado para aumentar la productividad.

8. Escoja una canción de poder. No subestime nunca el poder de la música. Escoja una canción que lo encienda. Mejor aún, haga una lista de canciones que sirvan como disparadores cerebrales para crear un nuevo hábito. Es más probable que usted se entusiasme con esas tareas cuando se sienta bien por dentro.

9. Hágase un amigo. Es muy beneficioso encontrar un compañero o un grupo de personas que puedan hacerle responsable. Por ejemplo, usted no va a dejar de ir de compras tan fácilmente si ha prometido a sus amigos y ha reservado tarjetas de regalo con antelación.

Cuando escoja un amigo o un grupo, escoja a personas que tengan un historial de hacer cosas cuando se lo propongan. De esa manera, usted no se encadena a una persona o grupo de personas que lo arrastran más allá. Siéntase libre de condimentar las cosas mediante la aplicación de penalizaciones o la realización de apuestas. Esto puede ser en forma de dinero o tareas. Cuando usted se fija una meta para usted mismo y un tiempo para lograrla, usted puede decirle a su compañero de responsabilidad algo como, "Cortaré su césped por una semana" o "le daré 50 dólares" o "le regalaré boletos para el juego de béisbol este fin de semana", si usted falla en completar dicha tarea en el tiempo asignado. Así que, si usted no completa la tarea, se lo debe. Tenga en cuenta que este método no funciona para todos los tipos de personalidad.

10. Olvídese de ser perfecto. El deseo de perfeccionismo va en aumento y está pasando factura a todo el mundo. El aumento de los ambientes de trabajo competitivos hace que mucha gente se fije metas más irreales estos días. Añada la creciente fuerza laboral, la inflación y el control de los padres a la mezcla, y tendrá una receta para el desastre. La mayoría de las veces, estos objetivos poco realistas le impiden a usted avanzar, y se queda atascado esperando el momento perfecto para comenzar. Le damos un consejo: Sea fiel a usted mismo. La autenticidad es su propia marca. Comience lo que usted necesita hacer ahora porque el momento perfecto podría no llegar nunca.

11. Afirmaciones positivas. Cuando usted se mira en el espejo cada mañana, ¿qué es lo usted ve? ¿Qué se dice a usted mismo? Toda esa charla negativa no es un buen alimento para el alma. Decirse a usted mismo cosas como "soy un vago" es un ejemplo de una afirmación negativa. ¿Qué hacer? Apague su voz negativa. En vez de decir, "No puedo hacer esta tarea a tiempo", por qué no decir, "Haré todo lo que pueda para que suceda". Cuando usted se da afirmaciones positivas a usted mismo, usted aumenta la motivación y aumenta el valor.

12. Varíe su ambiente de trabajo. Si usted es del tipo que puede trabajar desde cualquier lugar, quizá pudiese descubrir que suele ser más perezoso en casa comparado con cuando está en un espacio diferente.

13. Evite las distracciones en su espacio de trabajo. Esto puede hacerse creando deliberadamente un espacio de trabajo libre de distracciones. El uso de la fuerza de voluntad no dará resultados duraderos. En su lugar, establezca un ambiente de trabajo que minimice las distracciones. Hágalo "una zona sin tecnología" para deshacerse de las perturbaciones digitales. Esto disminuye la impulsividad de la ecuación de la postergación. Usted obtendrá más trabajo cuando no se moleste por las notificaciones telefónicas, su tableta esté en "No molestar", y esté trabajando a pantalla completa en su computadora. Si usted no puede crear este espacio en casa, utilice un café, una biblioteca pública o algún otro lugar tranquilo en su lugar.

Tenga en cuenta que cada persona tiene una personalidad diferente. Un consejo puede funcionar perfectamente para el Sr. A y seguir siendo meh para la Sra. B. Algunos de estos consejos están garantizados para trabajar mejor para usted que otros.

Capítulo cinco: Por qué usted no es productivo

"Productividad" es una palabra francesa de principios del siglo XVII, *productif* o latín tardío *productivus,* que significa "llevado adelante". La palabra "productivo" es una palabra popular de moda que la gente prefiere utilizar porque suena bien... aunque la mayoría de la gente no tiene una definición clara de lo que se trata.

Todos quieren ser más productivos. En algún lugar de su teléfono, tiene una tonelada de aplicaciones y herramientas de productividad. Usted los acapara como una rata de embalaje. Usted salta para descargar cualquier nueva que tenga miles de reseñas sobre cómo han hecho a otras personas más eficaces.

¿Qué significa la productividad para usted?

La productividad que no está impulsada por la pasión y el propósito es simplemente marcar artículos de una lista. ¿Qué es lo que lo impulsa? ¿Cómo se pone en marcha el camino que le lleva a convertirse en una mejor versión de usted mismo?

Ser productivo es ser eficiente en tareas externamente gratificantes. Ahora, para dividir esto en partes, la productividad implica:

- *Ser eficiente.* Esto significa ser efectivo. En otras palabras, hacer las cosas bien y en tiempo récord.

- *Tareas.* Establecer metas o desafíos con un punto final. Las tareas son objetivos finitos. Usted no puede ser productivo cuando se le asigna una tarea para completar algo que no tiene límites porque la idea detrás de la productividad es completar las tareas y asumir los desafíos con una mejor calidad y a un ritmo más rápido.

- *Recompensas externas.* Mientras que la relajación da satisfacción interna, la productividad produce recompensas externas.

¿Por qué usted no es tan productivo como debería ser?

La falta de objetivos específicos. La primera y más antigua regla de desarrollo personal es la necesidad de establecer objetivos. La razón es simple. Usted no puede estar en su camino si no sabe a dónde va. La razón por la que usted no se está desempeñando tan bien como debería en este sentido es que no tiene objetivos establecidos, o tiene los objetivos equivocados. Usted necesita tener claro qué es lo que quiere hacer. Si usted no lo tiene claro, pasará sus días yendo de una cosa a otra como un globo de helio mal encendido. Sin objetivos, usted se somete a los caprichos de los demás, atrapado para siempre en un ciclo de reacción porque no puede atribuir un propósito más elevado.

Antes de que usted sepa lo que está sucediendo, llega a los 40, y las crisis de la mediana edad le dan un golpe paralizante justo en su plexo solar. De repente usted comienza a anhelar un sentido de dirección, visitando gurús, leyendo libros de autoayuda, y tomando clases en línea sobre Udemy para arreglar todos esos años perdidos.

Usted tiene los objetivos equivocados. Usted tiene objetivos, pero ¿son los correctos? Como un esmoquin bien cosido, ¿están hechos a la medida de sus necesidades en ese momento? Tener los objetivos equivocados es como comer un filete con una cuchara. Ríase todo lo que usted quiera, pero es verdad. En la vida, una vez que usted deja de perseguir todas las cosas equivocadas, le da a las correctas la oportunidad de encontrarle.

Ahora la pregunta que usted podría tener es, "¿Cómo puedo saber qué objetivos son los correctos?". Eso no puede ser decidido por usted, pero todas las grandes metas siguen ESTE principio:

- Tiempo limitado
- Enorme
- Inspirando
- Específico

Mida todos sus objetivos con el principio anterior, y usted encontrará que es fácil eliminar los objetivos que no le convienen en este momento. Desafortunadamente, a veces, la vida puede lanzarle una bola curva en la que usted está atascado con todos los objetivos equivocados. Puede que usted no lo sepa en ese momento. Todo lo que usted sabe es cómo se siente. Usted se siente como si llevara zapatos que son dos tallas demasiado pequeñas o una talla demasiado grande. Como sus objetivos tienen un impacto directo en sus acciones, que a su vez afectan su productividad, puede ver por qué los objetivos equivocados lo mantienen inquieto e improductivo.

Usted es multitarea, la gran M. La multitarea es una manera de estropear varias cosas al mismo tiempo. En el mundo de hoy, la atención se centra en hacer más. Estas ideas lo conducen a la vasta isla floral de la nada. Tratar de hacer todo de una sola vez puede ser abrumador y causarle estrés. Usted sigue saltando de tarea en tarea más rápido de lo que puede tomar un respiro. Usted tiene mucho que hacer, y siente que se está hundiendo.

No hay plazos fijos. Trabajar sin plazos puede ser frustrante. ¿Estaría considerando leer para un examen si no le dicen el día en que se programará? No, ¿verdad? Las tareas sin plazos llevan años de trabajo, y lo que es peor, este tipo de tareas no generan más que excusas. Las excusas impiden que usted adopte completamente sus objetivos y avance.

Usted está micro gestionando. Usted ama su trabajo. Simplemente usted se niega a delegar. Le asusta que, si usted se suelta, aunque sea un pelo, todo se derrumbe como una pila de Legos mal arreglados, dejándolo a usted para que limpie el desastre más tarde. Su pasión y posesividad en relación con su trabajo son comprensibles. Usted no podría hacer mucho en poco tiempo si eligiera hacerlo todo usted mismo. Muchas manos hacen un trabajo ligero.

Usted descuida todos los demás aspectos de su vida. Usted sabe lo que dicen: "Todo trabajo y nada de juego hacen de Jack un chico aburrido". No se enganche a la idea de que su productividad aumentará a pasos agigantados cuando centre toda su atención en el trabajo, a expensas de todos los demás aspectos que hacen que su vida valga la pena. Le guste o no, los fines de semana, su jefe probablemente esté teniendo una cena romántica con su pareja, o esté en un partido de béisbol gritando "¡Buen corte!" o " ¡Vaya de compras a la brecha!" a todo pulmón.

Su trabajo no lo define ni tampoco compone toda su vida. Solo sirve para llenar el espacio que dejan otras actividades no relacionadas con el trabajo, como las actividades de su calendario social, los chequeos de salud y otros asuntos de bienestar personal. La dedicación plena puede aumentar su productividad al principio, pero es como una subida de azúcar. Tarde o temprano, usted se estrellará... con fuerza. Se muere de hambre por todo lo que se ha negado a sí mismo durante tanto tiempo que, al final, se consume.

La duda le retiene. Nunca alcanzará su máximo potencial en cuanto a productividad cuando siga viniendo al trabajo, sintiéndose como un impostor. Seguro que encontrará clientes, cumplirá los plazos y terminará las tareas, pero no se siente cómodo en su piel, y su instinto le dice cada vez cómo podría ser más.

Usted tiene un ambiente de trabajo no conducente. ¿Usted sabía que la temperatura ideal para una productividad óptima se encuentra entre 65 y 70 grados Fahrenheit? Cualquier temperatura más caliente lo hace lento e improductivo, y cualquier temperatura más fría resulta en una mayor preocupación por la regulación de la temperatura corporal en lugar de trabajar al máximo de su capacidad.

Muchos factores de su lugar de trabajo pueden afectar a su productividad cuando se encuentra atrapado en un entorno que recuerda a un coliseo romano, donde sus colegas se pelean entre sí como gladiadores para divertirse en público, lo que también puede afectar a su salud y a su productividad. Añada una mala iluminación y un techo que gotea, y habrá preparado el escenario para una situación en la que su entorno no hace más que consumirle toda su energía.

Le falta disciplina. *¡Ping! ¡Chasquido!* Y otras melodías al azar son todas distracciones cuando usted está tratando de concentrarse. Usted puede ser improductivo porque, por alguna razón, sigue entreteniendo estas distracciones, que arruinan totalmente todas las posibilidades de aumentar su productividad. Ser disciplinado es una elección que requiere un esfuerzo constante y consistente. Usted debe flexionar sus músculos de autodisciplina. Necesitan ser entrenados.

Lo que no es la productividad

Probablemente usted tiene este amigo o alguien que admira desde lejos que siempre parece estar atrapado con un montón de cosas. Estas personas tienen vidas "completas". Usted los envidia. De hecho, ha pensado para usted mismo muchas veces, "¡Wow, deben tenerlo todo resuelto! Sus vidas están tan bien organizadas". Esto podría ser cierto... pero solo a veces. Puede que no sean productivos; puede que solo estén ocupados.

Ocupado o productivo

Un estudio realizado en 2009 por el profesor Clifford Nass de Stanford demostró que las personas que no realizan tareas múltiples siempre superan a las que realizan tareas múltiples crónicas en diferentes tareas.

Además, cuando se les pedía a estas personas que realizaran una tarea singular que requería un enfoque muy preciso, utilizaban sus cerebros con menos eficacia porque tenían mentes desordenadas y desorganizadas.

Estar ocupado es una droga a la que muchas personas son adictas. La gente incluso la usa como una insignia de honor. Estar ocupado es rápido. Ocupado es descuidado. Ocupado es un viaje interminable a ninguna parte.

Hay un proverbio chino que dice, "No tenga miedo de crecer lentamente, solo tenga miedo de quedarse quieto". Cuando usted está ocupado, se está moviendo rápido, pero sin dirección particular, lo que es similar a quedarse quieto. Eso es porque, la mayoría de las veces, parecer hacer algo es no hacer nada. ¿No es más fácil ocuparse de los minutos, para que las horas se ocupen de sí mismas? Es mejor no hacer nada deliberadamente, y obtener mejores beneficios.

Diferencias entre la gente ocupada y la gente productiva

1. *Las personas ocupadas hablan de sus vidas ocupadas.* Las personas productivas dejan que sus resultados hablen. Grandes escritores como Nora Roberts, Stephen King o John Grisham probablemente no hablarán de su próximo libro. Esto se debe a que están enfocados en producirlo en su lugar.

¿Por qué le molestan tanto los charlatanes? Es porque pasan su tiempo llenando sus oídos con grandes historias de lo que van a hacer. Sentirse productivo no es lo mismo que ser productivo. El primero es un estado mental, el segundo un curso de acción.

2. *Las personas ocupadas tienen muchas metas que implican un trabajo frenético.* Las personas productivas tienen prioridades (trabajo enfocado). La multitarea puede parecer un valioso conjunto de habilidades, pero las personas productivas manejan cada meta una a la vez. Las personas ocupadas se consideran inteligentes cuando priorizan objetivos a corto plazo. Las personas productivas, por otro lado, categorizan sus objetivos de tal manera que las cosas más críticas se manejan primero y reciben la mayor atención. Si su prioridad es perder peso, no comenzará con abdominales. Un cambio en la dieta

es donde usted comenzaría, seguido de algo de cardio, y luego tal vez algunas pesas o entrenamiento de intervalo de alta intensidad.

3. *Las personas ocupadas son "sí" señor.* Son rápidos en decir que sí a todo. La gente productiva dice que no o se toma su tiempo para calcular y considerar las cosas antes de decir que sí. Las personas ocupadas con sus hábitos de "sí" trabajan duro. La gente productiva trabaja inteligentemente. Decir que sí a todo mantiene su agenda llena de tareas que no ayudan a su objetivo final de éxito y productividad.

Las personas productivas se aprovechan del principio 80:20, que establece que el 80 por ciento de los resultados deseados provienen del 20 por ciento de su actividad. Mire a Henry Ford, por ejemplo. Hizo una fortuna no construyendo mejores coches, sino creando un maravilloso sistema para construir mejores coches.

4. *Las personas ocupadas están impulsadas por la necesidad de ser perfectas.* Las personas productivas están impulsadas por un propósito. Una persona ocupada quiere parecer que tiene una misión. Esconden sus dudas detrás de una ráfaga de actividades que hacen que parezca que están en racha. Ellos son los que están demasiado ocupados incluso para decirle lo ocupados que están. Mientras que las personas ocupadas se centran en la acción, las personas productivas están más interesadas en la claridad del propósito detrás de dicha acción. Utilizan su experiencia personal para tomar decisiones acertadas.

5. *Las personas ocupadas quieren que los demás estén ocupados.* Se ciernen y miden las horas de actividad mientras permanecen enojados y frustrados cuando lo ven relajado o con aspecto de disfrutar de su trabajo. Las personas productivas miden el rendimiento, no la actividad. Saben lo importante que es para la persona disfrutar de lo que hace, y se esfuerzan por crear una atmósfera que fomente la excelencia.

Los chinos tienen una antigua filosofía llamada taoísmo, que se basa en los escritos de Lao Tzu. Uno de sus más altos principios filosóficos es el Wu-Wei, que se traduce como "Sin esfuerzo". La idea detrás de este principio es que una persona verdaderamente iluminada va por la vida y las actividades diarias gastando solo una mínima cantidad de energía. De hecho, en la defensa y la guerra militar, los antiguos guerreros chinos - como los guerreros Qin del ejército de Terracota en el siglo III - tenían la idea de que un gran general hacía planes que obligaban al enemigo a agotarse. Solo cuando el enemigo está exhausto planea un ataque. Esto es productividad.

El general productivo utiliza objetivos predefinidos para debilitar a su oponente de modo que las circunstancias se aprovechen en su beneficio, y hagan lo menos posible. Un general ocupado puede convocar una reunión y lanzar un ataque con una fuerza y un esfuerzo abrumadores. Ambos generales pueden ganar la batalla, pero uno es más cansado de la guerra que el otro.

Capítulo seis: La importancia de la gestión del tiempo

La gestión del tiempo es el proceso de planificación y control del tiempo dedicado a actividades específicas. Con una buena gestión del tiempo, usted es más productivo y trabaja más inteligentemente, no más duro.

¿Por qué la gestión del tiempo es un gran problema?

Administrar su tiempo le ayuda a reducir el estrés, incluso con altas presiones y plazos ajustados. ¿Alguna vez usted se ha preguntado cómo es que algunas personas tienen suficiente tiempo para hacer todo lo que se proponen hacer mientras que otras se apresuran a ir de una tarea a otra, sin terminar nunca nada y sin embargo todas tienen las mismas horas en un día? Con la gestión del tiempo, usted aprende a hacer que sus horas cuenten para que pueda hacer tiempo para las actividades que más le importan.

Contrariamente a lo que usted piensa o escucha, los beneficios de la gestión del tiempo superan el esfuerzo que se le dedica. Mientras usted sea disciplinado, jamás tendrá que volver a atrasarse nunca más.

Un profesor dio a sus estudiantes de negocios una analogía muy práctica y valiosa sobre la gestión del tiempo. Antes de él, en un escritorio había un saco de arena, otro de guijarros, algunas rocas enormes y un cubo.

Pidió a la clase un voluntario que pudiera meter con éxito los tres objetos en el cubo. Un estudiante particularmente entusiasta se acercó para llevar a cabo la "aparentemente simple" tarea. Llenó el cubo con arena y luego con los guijarros delante de las rocas. A mitad de camino se dio cuenta de que no todas las rocas cabrían. Un estudiante más lo intentó, pero fracasó. "Este es un ejemplo de una metáfora de la mala gestión del tiempo", dijo el profesor.

Vertió todo y procedió a llenar el cubo con las rocas primero, luego los guijarros, antes de verter suavemente la arena en el recipiente. A continuación, le explicó cómo esta tarea era mucho, como la gestión del tiempo. Explicó que, al completar las tareas más grandes primero, queda espacio para abordar las tareas de dificultad media antes que las realmente pequeñas.

Fue más allá al decirles que completar las pequeñas tareas primero no dejaba espacio para nada más, ya que la gente tendía a pasar mucho tiempo en ellas solo para encontrarse atrasada e incapaz de completar satisfactoriamente las tareas más grandes y moderadas.

Moraleja: Planifique las franjas horarias para los desafíos más grandes; de lo contrario, los inevitables problemas de arena y guijarros lo asfixiarán durante todo el día.

6 beneficios de la gestión del tiempo en su vida

1. Alivio del estrés: Con la gestión del tiempo, solo unas pocas cosas pueden aparecer sin que usted lo sepa. Hacer y seguir un horario disminuye la ansiedad, y a medida que usted completa las tareas, descubre que sus plazos no son tan ajustados, y su horario no es tan apurado.

2. Se hace más trabajo: Este es el objetivo de la productividad y una de las principales ventajas de la gestión del tiempo. Cuando usted es consciente de lo que debe hacer, usted puede manejar mejor su carga de trabajo y dedicar menos tiempo a actividades triviales.

3. Menos errores: ¿Cómo usted se siente cuando se le pide que repita una tarea más de una vez? Usted odia cómo se come su valioso tiempo, ¿no es así? Ser organizado le asegura que nunca tendrá que entregar tareas repletas de errores o dejar algo atrás.

4. Más tiempo para el ocio: Nadie puede crear horas. Lo que usted puede hacer es administrar las horas que tiene. Hacer esto le hace encontrar maneras más fáciles de hacer sus tareas para que usted pueda tener algo de tiempo para usted.

5. Menos esfuerzo: Es fácil cometer el error de pensar que la administración del tiempo requiere un esfuerzo extra. El manejo del tiempo es un hábito que rápidamente se convierte en algo natural con el tiempo. Por el contrario, planificar su tiempo hace su vida más fácil, ya sea planificando las vacaciones de verano, terminando el proyecto, u ordenando su entorno.

6. Genial para su reputación: Cuando usted administra bien su tiempo, usted se convierte en esa persona realmente confiable con la que cualquiera puede contar para salvar el día. Usted llega a las citas a tiempo, siempre entregando las tareas que se le asignan. No importa cuál sea el caso, su reputación de fiabilidad siempre le precederá. Nadie pestañeará nunca al asignar sus tareas porque saben que se puede confiar en usted.

Importancia de la gestión del tiempo en el lugar de trabajo

1. Encontrar un equilibrio entre trabajo y vida: Todo el mundo siente la necesidad de entregar a tiempo. Incluso los mejores empleados. Por eso, a veces, manejar su vida ocupada y su horario de trabajo mientras usted trata de mantenerse cuerdo es una tarea hercúlea.

La gestión del tiempo le ayuda a desclasificar asignando períodos de tiempo finitos a las tareas en el trabajo para que las complete en o antes de la fecha límite. Esta estructura permite una entrega rápida, menos plazos y un trabajo de alta calidad.

2. Aumento de la productividad: ¿Está usted familiarizado con la ley popular en economía llamada "La ley de los rendimientos decrecientes"? Esta ley establece que, en todos los procesos productivos, añadir un factor extra de producción mientras se mantienen constantes todas las demás variables producirá, en algún momento, rendimientos más bajos. En español, significa que, si se continúa durante más tiempo del que se debería, tarde o temprano, la producción y la productividad disminuyen.

3. Menos aplazamiento: Con una gran capacidad de gestión del tiempo, puede eliminar las demoras en el trabajo porque es consciente de los retrasos que pueden causar estragos en su línea de tiempo.

4. Menos conflicto de equipo: ¿Experimentar constantemente fricciones con sus colegas en el trabajo? Usted puede detener la disputa cuando aprenda a administrar su tiempo adecuadamente. Cuando usted hace esto, usted encuentra que hay menos oportunidades de discutir y tener malentendidos. Usted crea un programa, se adhiere a él, y prepara su día con anticipación. De esa manera, usted evita los problemas con los demás.

5. Menos tiempo perdido: La autodisciplina que cultiva como resultado de la gestión de su tiempo le ayuda a crear planes estratégicos pero sencillos que le mantienen centrado en proyectos importantes, y eliminan las distracciones.

6. Más oportunidades de carrera: Lograr más en la mitad del tiempo no solo le da toneladas de tiempo libre para divertirse, sino también la oportunidad de aprovechar las oportunidades que pueden hacer avanzar su carrera. ¿Usted quiere subir la escalera de la carrera? Planifique su tiempo. De esa manera, usted es libre de acumular esos diplomas en línea que necesita para obtener la promoción que se merece. Perder el tiempo limita sus posibilidades de éxito, le cuesta viajes de estudio, ascensos e incluso nuevas oportunidades de trabajo porque no puede hacer nada a tiempo.

Cómo la gestión del tiempo ayuda a superar la pereza

Las estrategias de gestión del tiempo son herramientas cruciales en la lucha contra la pereza. Usted no tiene que ser un científico de cohetes para ver que su hábito de pereza es directamente proporcional a la forma en que usted maneja su tiempo. Hacer pequeños ajustes en la forma en que usted piensa y trabaja puede ayudar mucho a evitar que usted constantemente posponga las cosas y le ayude a ponerse a trabajar. Estas son las formas en que la gestión del tiempo le permite romper con la pereza de una vez por todas:

- La gestión del tiempo le ayuda a identificar las pérdidas de tiempo en su vida. Esto es crucial para mejorar la productividad.

- La técnica Pomodoro o temporizador de tomate es una poderosa herramienta utilizada en el manejo del tiempo para mejorar su concentración y enfoque. Esta técnica fue construida para acomodar las necesidades de la mente humana. Trabajar en breves ráfagas de 25 minutos con pausas mentales entre ellas le motiva a hacer sus tareas más temidas. Con el tiempo, usted se encuentra empujando a través del trabajo difícil con velocidad.

- El manejo del tiempo le da permiso para desarrollar tareas molestas. La cosa es que, cuando usted administra bien su tiempo, aprende a sentirse cómodo con la incomodidad. Así que en lugar de estar en el sofá viendo episodio tras episodio de su programa favorito, sabe que tiene que ponerse a trabajar porque usted tiene un horario y tareas a las que llegar.

- Los objetivos escritos con sus plazos asignados le ayudarán a combatir la pereza. La forma en que esto funciona es que usted se le recuerda marcar las tareas de su lista de tareas escritas. Escribir los objetivos en blanco y negro facilita la priorización de las cosas porque las tareas se escriben en orden de prioridad. ¿Demasiado sofisticado para llevar un cuaderno de notas? No hay problema. Muchos perezosos tienen planificadores de objetivos en formato electrónico.

- Como perezoso, usted no piensa en las consecuencias negativas que acompañan a las tareas no terminadas. Usted sabe que tiene plazos, pero los posterga para leer notas graciosas sobre el condescendiente Wonka. El manejo del tiempo le ayuda a poner en perspectiva los buenos y malos resultados. Usando planificadores de tiempo, se le recuerda que cada acción (o inacción) tiene consecuencias.

- Admítalo. Muchas veces, la única razón por la que usted arrastra los pies y pasa tiempo en actividades improductivas es que es demasiado gallina para enfrentar sus miedos. Si usted no trabaja en algo, ¿cómo va a sobresalir? La gestión del tiempo le proporciona herramientas y trucos para sacarse de encima sus miedos más profundos, para que usted recupere la confianza en sus habilidades.

- La gestión del tiempo le ayuda a empezar ahora. La parte más difícil de cualquier tarea es el comienzo mismo. Los principios de la gestión del tiempo le enseñan a estructurar incluso las tareas más aterradoras dividiéndolas en trozos que puede masticar.

- La administración del tiempo le enseña a valorar sus logros, no importa cuán pequeños sean. Usted aprende a recompensarse a usted mismo y hacer que sus hábitos perezosos trabajen a su favor. Las recompensas siempre aumentan la motivación.

Hacks o trucos de productividad: La guía del perezoso

Todo el mundo tiene cierta pereza en mayor o menor medida. La pereza es vista como una epidemia en la sociedad actual, con gente diciendo constantemente cosas como: "No puede tener éxito como perezoso", o "Sea más como Mark, es muy trabajador" o "Ofrece a un perezoso un huevo, y querrán que se lo peles".

Por eso cada vez que usted oye la palabra "perezoso", le atribuye un contexto negativo casi inmediatamente. ¿Qué pasa si, sin embargo, la pereza no está en el extremo opuesto del éxito o la productividad, sino que es, de hecho, un atajo? Aquí hay algunos modelos de pereza que puede admirar:

- *Winston Churchill:* Tuvo los peores resultados en todas sus clases. Se saltó los chanchullos de la universidad. Absolutamente indiferente a la actividad atlética. ¿Pasatiempo favorito? Sentarse en su mecedora. ¿Rendimiento? Se convirtió en un gran político.

- *Charles Darwin:* El tipo de vago que hace que usted se pregunte quién le ató los cordones de los zapatos. Le hizo pasar un mal rato a sus padres y profesores con su increíblemente lento ritmo en matemáticas y gramática. Siempre dormido en medio de sus lecciones. ¿Pasatiempo favorito? Pescar y disparar a los pájaros, y cuando le creció un poco la barba, se cambió a visitar pubs. ¿Logros? Se convirtió en el padre de la evolución. Sí, es cierto. Todos los nerds lo estudian ahora en su lugar.

7 razones por las que las personas estratégicamente perezosas tienen éxito

1. **Las personas más inventivas que conocerá:** Usted puede contar con un vago perezoso para ser creativo cuando se trata de organizar su tiempo. Un empleado perezoso es su mejor apuesta para encontrar todos los trucos y atajos para automatizar y optimizar los procesos repetitivos. Los perezosos siempre tratan de hacer la vida más fácil. ¿Demasiado perezoso para limpiar? Inventa la aspiradora. ¿No puede lavar la ropa? Inventa la lavadora.

2. **Muy emprendedor:** Las personas perezosas tienen muchas ideas y proyectos. Aunque siempre parece que no hacen nada en todo el día, sus mentes trabajan mejor. No están llenos de pensamientos y responsabilidades sin sentido. Piensan en diferentes categorías y se esfuerzan por hacer un trabajo aburrido que garantice resultados.

3. **Saben cuándo poner los pies en alto:** Hay un principio por el que los perezosos juran. Es el principio de la conservación de la energía. Saben lo importante que es para ellos relajarse para ser más productivos. Las personas que ponen sus cerebros a trabajar más a menudo envejecen más rápido. Despertarse a las 4 a. m. para una productividad óptima es otra cosa que los perezosos no pueden

soportar. Así que, por supuesto, disfruten del sueño. Solo que... no sea perezoso para siempre.

4. Nunca están en modo de pánico: Benditos sean sus corazones, las personas perezosas saben que no tiene sentido apresurar nada. Ellos se rigen por su propio reloj. Al no entrar en pánico, tienen menos preocupaciones, lo que los hace más enfocados y comprometidos con las tareas. El único inconveniente es que tiene que captar su interés. A veces convocar a un genio es más fácil.

5. Son súper inteligentes: Se necesita una gran mente y un alto nivel de inteligencia para ser perezoso. La gente tiende a agrupar a los empleados en grupos de inteligentes o estúpidos, o perezosos y exasperantes. Los empleados más eficientes suelen ser los inteligentes y flojos. Emplean todos los medios a su disposición para no hacer nada en todo el día y aun así completan sus tareas a tiempo.

6. Maximizan la tecnología: Los perezosos siempre tienen la primicia de aplicaciones que facilitan el trabajo. Tienen a su alcance las mejores herramientas disponibles para gestionar proyectos de todo tipo. Pídale a un perezoso que escriba un informe de un documento escaneado y encontrará una aplicación que convertirá el escaneado en un texto así de sencillo.

7. Son los mejores gerentes de todos los tiempos: Sin duda, no es broma. Dirigir cualquier proyecto es una forma de arte en sí misma, y necesita tener algún tipo de habilidad con la gente. Nunca encontrará a un gerente perezoso microgestionando. Va en contra de su principio de conservación de la energía. Es por eso que sus equipos siempre cumplen porque se ponen a trabajar a un ritmo que no es frenético.

Capítulo siete: El método de conseguir que las cosas se hagan

¿Usted ha oído hablar del "Método de conseguir que las cosas se hagan" o su abreviación GTD (por sus siglas en inglés)? Es un método para administrar su tiempo que funciona bastante bien. El gran consultor de productividad David Allen escribió sobre ello en un libro... ¡Así que debe ser bastante efectivo, dado que es un mago de la productividad y todo eso! ¿Qué hace el sistema GTD por usted? Le ayuda a organizarse y a mantenerse organizado mientras aumenta la productividad. El método GTD, en términos sencillos, le ayuda a organizar su lista de tareas y a priorizar de forma que sus tareas parezcan manejables.

¿Por qué funciona?

La práctica del GTD tiene como objetivo proporcionarle una mente tranquila y lúcida, facilitándole la visión de las tareas en su plato, y guiando su respuesta para centrarse en las tareas que necesitan atención en el momento. Cuantos más pensamientos e información reboten en su cabeza, más difícil será decidir lo que es realmente importante. Es por eso que usted termina perdiendo el tiempo pensando en sus tareas en lugar de hacerlas realmente. Esta sobrecarga de información anula el talento natural de su cerebro para procesar la información, dejándole estresado y ansioso.

Cómo funciona: Hacer las cosas de forma sencilla

El GTD a menudo tiene una mala reputación por ser demasiado complicado. Pero no tiene por qué serlo. Nadie les ha dicho a los críticos negativos que no hay una forma correcta de usar este principio. Claro que hay límites que no se deben cruzar, pero no se pueden ver cosas como " Haga esto primero, luego aquello en X tiempo" en el libro de reglas de Getting Things Done. Su vaguedad le ayuda a mezclar y combinar para que pueda hacerla suya.

Los pilares del método de conseguir que las cosas se hagan

• *Capturar todo:* Haga esto para tareas recurrentes, listas de tareas, ideas, etc. Use cualquier método que considere adecuado para este propósito. Una aplicación de tareas, un bolígrafo y papel, o una agenda de trabajo, servirían. No hay una herramienta específica para el GTD. Sin embargo, sea lo que sea que usted use, debe encajar perfectamente en su rutina diaria. Usted no puede tener una agenda en su teléfono si siempre se olvida de llevar el teléfono con usted. No hay posibilidades ni excusas para decir: "Oh, añadiré esto más tarde". Capture todo lo que usted necesita tan pronto como sea posible para que usted pueda sacarlo de su pecho una vez que sea el momento de hacerlo.

• *Aclarar las tareas:* Una cosa es que usted tenga sus planes escritos y otra es que los divida en trozos accionables. Usted no puede simplemente escribir una tarea como "Escribir un informe". Usted necesita poner algo de energía en ella dividiéndola en pasos, así que no hay ninguna barrera o excusa para hacer la tarea. Delegue cuando sea necesario para liberar su agenda.

• *Organizar:* Clasifique todos los planes que usted pretende lograr de acuerdo a la categoría y prioridad. "Recoger la ropa de la tintorería" no entra en la misma categoría que "preparar el seminario", ¿verdad?

Establezca recordatorios y fechas de vencimiento para cada tarea con notificaciones dependiendo de su método de captura para que pueda hacer un seguimiento de las mismas. No es como si usted estuviera haciendo las tareas en este momento. Usted solo quiere asegurarse de que están en los cubos a los que pertenecen.

• *Reflexionar:* Revise sus planes y decida el próximo plan de acción. Aquí es donde el paso aclaratorio vale la pena. Usted debe ser capaz de seleccionar las tareas que requieren cantidades mínimas de energía o las cosas que usted puede hacer de inmediato. Si usted deja su lista vaga, no sabrá por dónde empezar. A medida que avance, puede ser necesario ajustar sus prioridades y determinar qué tan bien funciona el sistema para usted.

• *Comprométase:* ¡Es la hora del espectáculo! Elija una tarea y comience de inmediato. Su sistema ha hecho las cosas más fáciles. Todas sus tareas están en categorías listadas en orden de prioridad. Y aún mejor, están organizadas en trozos manejables, así que todo lo que usted necesita es salir de su escondite y ponerse a trabajar.

Planificación con el método GTD

No hay una regla fija que diga: "Solo se permiten aplicaciones multipropósito". Su método de captura no tiene que ser popular como OneNote o Evernote. El fundador de esta técnica usó un buen y viejo bloc de notas. Solo encuentre lo que funciona para usted. Así es cómo usted planea usar el método de hacer las cosas.

Paso 1: Captura

Reúna todas las tareas, compromisos, ideas y citas en los buzones de entrada. Las tareas pueden ser cualquier cosa, desde asistir a una cena de empresa hasta hacer un pastel de cumpleaños a su hijo.

Usted puede tener más de una bandeja de entrada. Digamos, un portátil (una bandeja de entrada analógica) para cuando usted está fuera y una bandeja de entrada digital como su PC para cuando usted está en casa. Añada nuevas tareas a medida que surjan.

Paso 2: Aclarar

Revise y procese los artículos de su bandeja de entrada en el orden en que aparecen. Hágalo cuando usted decida qué tareas deben hacerse y cuándo. Al aclarar, hágase las siguientes preguntas,

- ¿Qué tipo de tarea es?
- ¿Esta tarea es procesable?
- ¿Qué sigue?

Si ninguna acción es posible o necesaria, considere cualquiera de las siguientes opciones:

- Poner en la lista "algún día pronto" (como la lista de deseos de Amazon)
- Archivar o incubar la tarea para futuras referencias
- Descarte la tarea

Paso 3: Organizar

Asignar todos los planes de acción del paso 2 a bandejas o listas temporales y comenzar a procesar.

Utilice la regla de los dos minutos si usted tiene tareas que pueden ser completadas en dos minutos o menos y NO las agregue al sistema GTD. Tareas como "Ordenar el correo de la mañana", "Sacar la basura" o "Cargar el lavavajillas" son todos ejemplos de tareas que caen bajo el principio de los dos minutos.

Introduzca solo las citas en su calendario. Las tareas procesables se pueden dividir en partes más procesables. Cualquier tarea que requiera más de un plan de acción debe ser archivada en "proyectos". Tareas como "Construir la casa del árbol para el hijo" o "Remodelar el baño" se convierten en proyectos. ¿Comprende lo esencial?

Defina las próximas acciones para los proyectos y establezca una línea de tiempo específica o una fecha límite en su calendario. Por ejemplo, "Completar la casa del árbol antes del 15 de marzo". Mantenga un recordatorio de todas las tareas delegadas para que pueda controlarlas eficazmente. Las acciones que no son específicas de un proyecto pueden ser puestas en una lista separada. Simplemente determine el alcance y el contexto de la tarea. Un gran ejemplo de esto puede verse cuando se tienen múltiples listas de contexto específico para llamadas telefónicas, recados personales, correos electrónicos de trabajo, etc.

Paso 4: Reflexionar

La claridad de propósito que se obtiene del método GTD no es cuestionable. La claridad por sí sola, sin embargo, no es suficiente para asegurar que usted complete sus tareas a tiempo. Usted podría establecer todos los pasos como un fanático oriental, por lo que son todos claros, pero usted necesita revisar continuamente, por lo que sabe qué tareas siguen siendo prioridades y qué tareas se han desplazado un poco más abajo de sus tres principales.

Para maximizar los tres primeros pasos, usted necesita darse cuenta de que a veces necesita marcar algunas tareas que ya no son importantes o adecuadas para su ocasión. Si una de sus prioridades del día es llevar a su hijo a la escuela, no sería una prioridad durante las vacaciones de verano ahora, ¿verdad? Revise su calendario tantas veces como pueda diariamente para seleccionar las próximas tareas. Vacíe sus bandejas de entrada para eliminar las tareas realizadas diariamente.

Paso 5: Comprometerse

Para obtener los mejores resultados, cuando se involucre, adhiérase a los siguientes criterios.

- *Contexto:* Crear listas para diferentes contextos, para que usted no tenga que enredarse en una lista ridículamente larga de cosas por hacer cuando quiera decidir su próxima tarea. Cuando usted tiene algo de tiempo libre, pregúntese, "¿Qué puedo hacer ahora mismo?".

- *Tiempo disponible:* Se trata de preguntarse si tiene tiempo antes de emprender una tarea. Sería contraproducente hacer una llamada telefónica de 30 minutos mientras se conduce cuando usted está a cinco minutos de su destino. La mejor apuesta para gestionar su tiempo sería llegar primero al destino, y si la llamada es urgente, puede hacerla después de lograr aquello por lo que salió.

- *La energía disponible:* Los niveles de energía de las personas suben y bajan a lo largo del día. Todos poseen sistemas y biorritmos ligeramente diferentes. Probablemente por eso hay alondras y búhos nocturnos. Controle sus niveles de energía a lo largo del día para determinar cuándo su energía está en su punto máximo y cuándo siente que su energía está en su punto más bajo. En el futuro, incorpore esos hallazgos cuando programe las tareas para que se ocupe de las tareas de alto perfil durante sus picos de energía y se ocupe de las tareas menos atractivas durante los valles de energía.

- *Prioridad:* Habiendo recortado todas las tareas procesables basadas en los tres criterios anteriores, es hora de decidir qué tareas importan más y por qué. Si usted está en la clínica y descubre que tiene una hora de espera no programada, podría revisar su lista de tareas y tachar algunas llamadas telefónicas, trabajar o afinar ideas para un proyecto, entregar una tarea por correo electrónico, y así sucesivamente.

Establecer objetivos

¿Alguna vez usted se siente como un vagabundo? ¿Caminar dormido por la vida sin un propósito? También es posible que usted sepa lo que quiere de la vida, pero no tenga idea de cómo empezar. Ahí es donde entra en juego el establecimiento de objetivos.

Establecer objetivos es el primer paso para hacer planes para el mañana. Juegan un papel crucial en el autodesarrollo en diferentes áreas de la vida. Los objetivos sirven como vehículos que impulsan sus planes en todos los aspectos de la vida, ya sea personal o profesional.

Reglas de oro del establecimiento de objetivos

Al establecer los objetivos, asegúrese de que son:

- *Motivacionales:* Cualquier objetivo que usted se proponga debe ser importante para usted. Usted no quiere planear algo que no le podría importar menos o tareas que no son de valor para usted. Pregúntese siempre: "¿Por qué necesito esto? ¿Por qué importa?".

- *Escritos.* Escribir sus objetivos hace que parezcan reales y tangibles. Cuando establezca sus objetivos, use palabras de poder como "haré" en lugar de "me gustaría" o "podría".

- *Tienen procesos accionables:* Este es el paso que a menudo se omite en el proceso de establecimiento de objetivos. Es infructuoso establecer objetivos a largo plazo que usted no tiene intención de perseguir o alcanzar. Establecer una meta a largo plazo como "Convertirse en médico" sin establecer planes como "Buscar una universidad médica", "Ahorrar para la matrícula", y "Hacer los exámenes de ingreso necesarios" hacen que sus objetivos parezcan inalcanzables. Los pasos necesarios para hacer que sus objetivos sean exitosos deben estar siempre en su línea de visión. Intente utilizar una pizarra de visión con imágenes que encarnen sus sueños o pequeñas notas adhesivas que indiquen sus objetivos y los pasos asociados para alcanzarlos. Priorizar dichas metas evita que usted se sienta abrumado.

- *Manténgase en el rumbo*: El establecimiento de metas es una actividad consciente y continua, no un medio para un fin. Usted no puede holgazanear en el último minuto porque "usted no tiene ganas". Manténgase realista y flexible con sus planes de acción para cada objetivo porque sus metas podrían cambiar a lo largo del camino. También pueden surgir obstáculos que le obliguen a adaptarse. Solo asegúrese de que el valor, la relevancia y la necesidad siguen siendo de gran valor para usted.

- *Puede ser reevaluado*: Reevaluar y valorar su progreso. Hágalo tan a menudo como sea posible para mantener su moral alta. Programar una evaluación semanal, por ejemplo, le proporciona un informe de progreso de la última semana. Cuanto usted se acerque a la línea de meta, mayor será su empeño para llegar hasta el final. ¿Se siente débil o atrasado? ¿Eso también está bien? Haga ajustes, ¡y siga adelante!

Capítulo ocho: La productividad de los expertos se ve afectada

¿Usted no desea ser un poco más productivo en el trabajo? ¿Ganar el empleado del año en rápida sucesión, durante tres años consecutivos? Su taza en el trabajo está llena de café, pero escrito en ella en letra brillante hay un "¿No, hoy no?".

La cosa es que no hay escasez de consejos de productividad. Están en todas partes. Si usted pasa la mayor parte de su tiempo buscando videos de YouTube de reyes de la productividad como Brian Tracy, Google comienza a burlarse de usted deliberadamente. ¿Usted sabe, esos pop-ups y videos sugeridos sobre cómo dejar de ser perezoso?

Esta guía le dará consejos que funcionan. Estas no son píldoras de "curación total", y lo que funciona para algunos puede no funcionar para todos, pero oiga, ¿qué tiene usted que perder? A continuación, se presentan algunos malos hábitos de productividad y algunos consejos sobre cómo combatirlos.

Hábito #1: Multitarea. La madre de todos los hábitos anti-productivos. Usted no puede ser sorprendido por esto. Si usted practica esto, debe saber que no es un gran conjunto de habilidades para aumentar la productividad.

Tal vez usted piensa que hacer más de una tarea simultáneamente le permite lograr más en la mitad del tiempo. Si es así, usted tiene otra idea en camino. Intente este pequeño ejercicio... Intente leer un libro mientras come y hace FaceTiming con un amigo.

¿Qué tan productivo fue usted? Si usted es honesto, unas de tres cosas sucedieron - a) la comida se enfrió, b) tuvo que dejar el libro, o c) se le cayó su dispositivo FaceTiming.

Esta frecuente alternancia entre diferentes tareas somete a su cerebro a un estrés innecesario, lo que le lleva a dar solo la mitad de la atención a cada tarea. Esto hace que la multitarea sea contraproducente.

Truco(s) para vencer a la multitarea

• *Identifique su TMI (Tareas más importantes):* Su cerebro no está preparado para el tipo de tensión mental que sigue a la multitarea, por lo que necesita identificar todas las tareas importantes y hacerlas primero.

Mark Twain aboga por que si usted comienza cada día comiendo una rana viva (las tareas con mayor prioridad) y las realiza primero, puede descansar tranquilo sabiendo que ha completado algo que duplica su valor, haciéndolo más productivo. Siempre mantenga una lista de tareas para mantener las tareas en perspectiva. No se ponga demasiado ambicioso al hacerlas porque las listas antinaturales largas solo son manejables en teoría.

• *Limite su lista a unas pocas tareas sencillas:* Piense en lo que usted tiene que hacer para maximizar ese bono, conseguir ese aumento, dividir las tareas en trozos, y averiguar cómo jugar el juego. Una vez que usted haya identificado todos los eslabones de la cadena de eventos y haya cultivado la disciplina necesaria para programar sus tareas, nunca se sentirá como si estuviera pisando sobre nevado.

• *Centrarse en sus puntos fuertes:* La delegación es una herramienta muy poderosa. Una que la gente rara vez aprovecha. La esencia de la entrega de tareas a otros es crear más tiempo para centrarse en las tareas que mejor se adaptan a nuestro conjunto de habilidades. Deje de lado su necesidad de ser perfecto. Incluso si usted es hábil en cada tarea bajo el sol, usted necesita seguir el Principio de Pareto, también conocido como la regla 80/20. Una vez que usted delega una tarea, no espere un 100 por ciento. Espere una perspectiva diferente. Usted necesita estar contento con lo que obtiene y aprender a trabajar con ello porque logró el 90 por ciento sin hacer casi nada, y eso es comercio justo.

Hábito #2: Perder el tiempo en línea: Internet es un invento asombroso, un tesoro de información accesible y lo mejor desde el pan de molde. Sin embargo, incluso con todos los beneficios que vienen con el mundo electrónico, sigue siendo, hasta el momento, una de las principales fuentes de distracción. Piénselo. Usted está constantemente expuesto a una infinita oferta de entretenimiento y distracción, que hace que su productividad se vea afectada.

Truco(s) para vencer las distracciones en línea

• *Silencie a las ardillas:* Para maximizar su productividad, apague todas las fuentes de distracciones digitales. Si usted se distrae fácilmente, debe desactivar todas las notificaciones de su correo electrónico y medios sociales. Manténgalas lejos de usted. Incluso en otra habitación. Los chirridos y pings no hacen nada por usted, excepto interrumpir su tren de pensamiento, lo que no hace nada por su productividad.

Use bloqueadores de sitios para bloquear las notificaciones de los sitios y trabajar a pantalla completa. No se sienta obligado a contestar llamadas telefónicas si usted está hasta el cuello en su TMI. La tecnología le ha concedido una salida: el buzón de voz es su amigo. No deje que las llamadas telefónicas sean una razón legítima para ser interrumpidas, ya que la mayoría de ellas no suelen tener importancia. Cree plantillas para correos electrónicos con una estructura similar para acelerar el tiempo en su dispositivo tecnológico. Para evitar distraerse de sus listas de tareas programadas cuidadosamente planificadas, asegúrese de que los correos electrónicos que necesitan respuestas sean la lista de tareas de mañana. De esta manera, usted puede mantener su plan de acción original, para responder a los correos electrónicos de manera rápida.

- *Adopte la bandeja de entrada cero*: Tener una bandeja de entrada cero no significa tener ningún mensaje en su bandeja de entrada. La técnica de la bandeja de entrada cero fue desarrollada por el experto en productividad Merlin Mann, quien aboga por dejar su bandeja de entrada abierta y el correo electrónico de entretenimiento solo en momentos específicos del día. Cuando usted limita la cantidad de tiempo que su mente está en su bandeja de entrada, usted comienza el día con una mentalidad proactiva, no reactiva.

Hábito #3: No planear su día: ¿Ha construido alguna vez una casa sin planos? Es lo mismo que trabajar todo el día sin planear. Planificar su día por completo es un gran motivador que le permite a usted enfocarse en las tareas que necesita hacer. No planear su día lo prepara para crear vacíos que es más probable que llene con tareas sin sentido e improductivas.

Truco(s) para vencer el fracaso en el plan de acción

- *Programe todo:* SI NO ESTÁ EN SU CALENDARIO, NO LO HAGA. Ni lo haga. En serio. No su mono, no su circo. Planee todo, desde que usted se despierte y tome café hasta que tome el tren subterráneo para ir a trabajar.

Cuando hace esto, recuerde crear un bloque de tiempo para cada actividad para que cada horario tenga una línea de tiempo. Las personas más exitosas del mundo entienden que el tiempo es su recurso más valioso. A todos se les da 24 horas para trabajar. Ni más ni menos. La cifra de poder que usted debe tener en mente al comienzo de cada día es el número 1.440. Ese es el número de minutos que tiene.

Programar su día asegura que usted haga el máximo uso de su 1.440. Toma un minuto para que nazca una gran idea. Un horario le ayuda a calcular sus minutos desperdiciados al final de cada día para maximizar la productividad capitalizando el tiempo que usted tiene para hacer su trabajo.

- *Optimice la regla de los cinco minutos:* Esta regla establece que cualquier tarea que pueda ser completada en cinco minutos o menos debe ser hecha inmediatamente. Es simple, en realidad, como la regla de los dos minutos, pero para pequeñas tareas de mediana capacidad.

Optimizar esta regla evita que usted se enfrente a demasiadas cosas a la vez. Con el plan de cinco minutos y un horario, usted cierra todos los bucles abiertos que tiene en su cabeza y que lo mantienen más lejos de sus objetivos.

Estos bucles abiertos pueden tomar varias formas, desde tareas desagradables de su superior hasta alguna cita a ciegas a la que tiene que llegar y que sabe que puede terminar siendo super incómoda. Estas situaciones estresantes sin resolver lo distraen de su productividad. Cierre los bucles teniendo planes en marcha.

- *Lleve un cuaderno:* Richard Branson de la marca Virgin Atlantic jura por el poder de llevar un cuaderno. Haga de su cuaderno su posesión más importante. Manténgalo a mano. El bolsillo del abrigo y el bolso son solo algunos ejemplos de espacio de almacenamiento para su cuaderno. O usted podría usar una aplicación. Google Keep es una nota maravillosa. Su teléfono también puede venir preinstalado con un cuaderno de notas. Solo asegúrese de que su teléfono esté configurado en el modo No molestar, para que usted no se distraiga con alguna nueva notificación.

Anote cualquier cosa que le llame la atención. Pueden ser trozos de sabiduría del libro más reciente que usted haya leído o notas de una reunión. A veces, al mirar las páginas, puede que usted se tropiece con un dato que le haga alucinar.

Usted podría decidir utilizar una aplicación en su teléfono como Evernote. La clave es tenerla siempre con usted.

Escribir algo tan simple como las palabras "Carpe diem" en la primera página de su cuaderno de notas puede servirle como un recordatorio diario para que disfrute de la vida al máximo. El razonamiento detrás de tener un cuaderno es que la mente humana está mejor equipada para procesar en lugar de almacenar información. No es de extrañar que le resulte difícil recordar todos esos puntos que tuvo que atiborrar para esa prueba.

Hábito #4: Todo trabajo y nada de diversión: Probablemente usted es el tipo de persona que vive y respira por el trabajo. Usted se acerca tanto a su escritorio que su nariz toca la pantalla, y usted está allí durante horas y horas. Usted no tiene vida social. Su correo, la tintorería, los artículos de su lista de compras en línea solo tienen una dirección: Su cubículo en el trabajo. Unas horas más largas no significan necesariamente que tenga que trabajar más. Tratar de aprovechar al máximo cada hora sin tomarse un tiempo libre es peligroso para su salud. Usted es humano, no una forma de vida biónica del siglo 50.

Truco(s) para vencer el ser un adicto al trabajo

- *Tomar descansos:* Los descansos son geniales para usted, para su salud, productividad y bienestar general. Si usted es una abeja obrera, programe sus descansos en su calendario. Use la técnica Pomodoro y trabaje en pulsos para dar a su cerebro algo de tiempo para refrescarse. Las personas productivas entienden que la verdadera productividad no se trata de energía sino de concentración y tiempo. Usted podría trabajar durante 16 horas y ser productivo por solo cuatro.

- *Agrupe su trabajo en temas recurrentes:* Este método mantiene su enfoque muy afilado. En lugar de trabajar continuamente todo el día, divida sus días para maximizar su productividad. Cree paquetes de días de enfoque energético (Picos de energía), días de amortiguación energética (Mesas energéticas) y días de energía libre (Valles energéticos). Usted puede decidir hacer de los lunes y viernes sus días de amortiguación de energía para que usted se mantenga productivo, pero solo por un corto tiempo. De esta manera, usted no se cree la emoción y la locura que acompañan al principio y al final de una semana de trabajo típica. Póngase al día con las llamadas telefónicas, los textos, el papeleo y todas las demás cosas administrativas.

Los martes y los jueves pueden convertirse en sus días de concentración. De todas formas, parecen pasar lentamente, así que maximice su productividad para llenar el tiempo. Entonces deje los miércoles, viernes y domingos como sus días libres personales. Disfrute creando estos días sin hacer absolutamente nada.

• *Llegar a casa para la cena*: Una persona productiva entiende que su trabajo nunca está terminado. Siempre hay más que hacer. Como se mencionó anteriormente, usted solo tiene 1.440 minutos cada día. Si usted programó bien, esos minutos vienen pre programados con tareas para el día. A veces, las cosas pueden aparecer y estropearse si usted las deja. Podría ser una llamada telefónica, un correo electrónico, ese cliente que lo cambia todo. Pronto, cinco minutos de trabajo se convierten en una hora, y esa hora se transforma en una noche en la oficina. Pero no caiga en esa trampa. Termine su día una vez que llegue a su Valle de la Energía. Quite las manos cuando se sienta agotado, no cuando usted haya terminado. NUNCA TERMINARÁ. Permanezca intencional acerca de cómo utiliza su tiempo para no terminar robando a otros aspectos valiosos de su vida el tiempo que realmente merecen. Tómese un trago con los amigos, bese a su cónyuge, juegue a encontrar la pelota con su perro en el parque. Usted necesita estos otros aspectos para seguir siendo productivo

Hábito #5: Postergación. Habiendo hablado de este tema ya en capítulos anteriores, aquí está la solución a postergar las tareas.

Truco(s) para vencer la postergación

• *Haga esa única cosa*: Encuentre esa única tarea que, si la hizo, sin importar lo que no hizo, le hace sentir que ha logrado una gran hazaña. Si usted tiene parálisis de la productividad, puede encontrar que lo posterga porque tiende a poner las tareas de baja prioridad en la parte superior de su lista y nunca llegar a hacer las cosas realmente importantes.

Siempre se siente bien quitar la arena y los guijarros del camino, pero ¿qué pasa con las grandes rocas? Usted, por costumbre, lo retrasa hasta el final del día cuando está cansado, y usted termina haciendo un trabajo de mala calidad. Encuentre las tareas que tiende a postergar y hágalas primero antes que nada para que, aunque usted no haga nada más, pueda descansar tranquilo.

- *Haga algo que no esté relacionado con su lista de tareas*: La razón detrás de esto es simple. Una vez que el cerebro se aburre con una tarea, tiende a postergarla para más tarde, ya sea a mitad de camino o incluso antes de que usted haya comenzado. Si usted ha estado arrastrando un montón de papeles, entonces haga algo que no esté relacionado con el juego de Sudoku durante su descanso para mantener su enfoque. Esto se debe a que al darle a su cerebro una tarea no relacionada con la que está trabajando actualmente, lo refresca para cuando tenga que volver al trabajo.

Hábito #6: Perfeccionismo: Si usted es un perfeccionista, puede entender que esto es un gran zumbador. Usted pasa años afinando y obsesionándose tanto con un proyecto que nunca empieza o nunca lo entrega porque nunca es lo suficientemente bueno. El perfeccionismo puede ser una bendición o una maldición. Aun así, en términos de incrementar la productividad, el perfeccionismo es solo una postergación disfrazada.

Truco(s) para el perfeccionismo

- *No hay tecla de borrado:* Al hacer una tarea, no se preocupe por perfeccionar las cosas al primer intento. Deje que fluya. Si usted está escribiendo, por ejemplo, no se preocupe por la edición del primer borrador. Cuando esté diseñando, no piense demasiado en el color al principio; concéntrese en conseguir las dimensiones y el concepto correctos. Eliminar la tendencia perfeccionista es increíblemente útil. Puede hacer que usted sea más productivo en comparación con cuando usted quiere que todo sea realmente perfecto desde el principio.

- *Procesamiento de documentos:* Piense en esto como una inversión. Usted tiene que reducir la velocidad para acelerar a veces. Tomarse el tiempo para documentar sus pasos y procesos en cada tarea que hace, por ejemplo, es muy sabio como referencia. Serviría como un recetario de la mente.

Cada tarea, ya sea algo tan pequeño como enviar un correo electrónico, puede ser visto como una comida. El paso para hacer la comida perfecta es una receta. Sin la receta, usted cocinará algo que es en el mejor de los casos irreconocible, y en el peor, completamente desagradable. La documentación asegura que la comida sepa igual cada vez, sin importar quién la cocine. Esto facilita la delegación, de modo que todo lo que la persona tiene que hacer es seguir el mapa.

- *Hacer planes al final del día:* Si usted hace planes divertidos para el final del día, usted encuentra que es menos probable que se atasque en una tarea tratando de hacerla perfecta. Sus planes le obligan a completar su trabajo a tiempo y listo para ello. Esto le obliga a concentrarse en lo que es importante y a no sudar la gota gorda.

Hábito #7: Quejarse: Quejarse y renegar constantemente es un hábito que lo retrasa. Las quejas y la postergación van de la mano. Usted ve, cuanto más se queje de una tarea, es más probable que la postergue o la desestime por completo. Esto crea un círculo vicioso que es destructivo para su productividad.

Truco(s) para vencer el quejido

- *Cambie su forma de pensar:* Este es el cambio que le ayudará a su productividad. Mientras usted siga identificándose como víctima de cualquier factor que interrumpa su productividad, ya sea su cónyuge, hijos, jefe, lo que sea, entonces usted permanecerá indefenso y sujeto a esa causa.

Usted se vuelve impotente para superarlo. Así que deje de culpar a su jefe; usted está a cargo de lo que sucede en su día en la oficina.

Admita la responsabilidad y recupere su poder. Recupere su libertad. Usted descubre que cuando se centra en el poder que posee sobre sus propias elecciones y respuestas, usted gana el control consciente. De esta manera, solo usted determina su libertad.

Cambiar su mentalidad no es inmediato. Ocasionalmente usted caerá en la trampa de encontrar a alguien o algo a lo que culpar. Cuando usted se encuentre en esa situación, reúna el valor para concentrarse en sus errores en su lugar y mire con atención sus propias elecciones.

- *Sienta el miedo y actúe de todas formas:* La forma más rápida de garantizar el fracaso es no intentarlo nunca. La cosa es que no puede dejar que el miedo a fallar le impida dar un paso adelante para vencer. Desafortunadamente, el miedo al fracaso es algo muy real, y evita que mucha gente persiga sus sueños.

El fracaso no es algo que deba temerse. Una vez que usted adopta una mentalidad de que cada intento fallido es una vía para intentar algo diferente, usted encuentra que se convierte en más exitoso. El fracaso nunca le impide alcanzar sus objetivos, pero el miedo al fracaso le impide seguir su camino. Todo. Cada. Momento.

Hábito #8: Dejar que el desorden se haga cargo: ¿Cómo se llama el tipo que se le ocurre cuando usted oye por primera vez la palabra "genio"? Albert Einstein, ¿verdad? Entonces, este genio nunca se dignó a ordenar su espacio de trabajo. Quién sabe cuántos inventos se perdieron en ese caos. También usted puede ser muy raro con su espacio de trabajo. El poeta alemán Friedrich Schiller encontró el olor de las manzanas podridas en el cajón de su escritorio mentalmente estimulante. Hay investigaciones que demuestran que los dueños de escritorios desordenados son genios productivos mientras que los dueños de escritorios limpios son perezosos. Probablemente sea una tontería absurda, pero si usted tiene un escritorio desordenado como el de Einstein, Mark Twain y Steve Jobs, y le funciona bien, entonces descarte este consejo. Si no, usted necesita deshacerse del desorden para que su mente tenga menos en que enfocarse fuera de sus TMI.

Truco(s) para vencer a los espacios de trabajo desordenados

- *Ordenar:* Un espacio de trabajo desordenado generalmente no hace nada por la productividad o el humor de la gente. Puede ser muy difícil concentrarse entre los episodios de reorganización mental de su espacio de trabajo.

Si usted es así y el desorden le hace sentir claustrofóbico, entonces ordene. Mire alrededor de su espacio de trabajo e identifique cualquier cosa fuera de lugar. Si no se usa diariamente, no tiene por qué estar en su escritorio. Cree horas específicas en su calendario para despejar el camino. De esa manera, siempre empieza con un escritorio despejado.

Hábito #9: Decir que sí: Usted no puede evitarlo. Sus modales harán que una belleza sureña se ponga celosa. Usted quiere ser amable con todo el mundo en detrimento de usted mismo. Usted va a todas las reuniones, esperando que se le note, por lo que es nombrado empleado del año. Usted asume tareas extrañas que nadie más haría porque realmente quiere "probarse a usted mismo". ¡Felicidades! ¿Cómo se siente estar ocupado? ¿Cómo va todo por ahí? ¿Cuánto de su deuda pagó con las sonrisas que obtuvo hoy?

Ser una persona que dice sí siempre significa que está constantemente dispuesto a hacer cualquier cosa que se le pida. Lo que necesita entender sobre la productividad es que el trabajo duro no es igual al trabajo de calidad.

Truco(s) a vencer diciendo que sí todo el tiempo

- *Diga no:* Cierre los ojos. Respire profundamente. Diga la palabra "No". ¿Cómo se siente? ¿El aire se sintió diferente de repente? ¿Usted cambió de personalidad al decir que no? Haga del "no" un hábito si quiere ser más productivo. Rechace vehementemente todo lo que no apoye sus objetivos. Rechace todo lo que no esté en su agenda.

Las personas más exitosas del mundo son profesionales en decir no, no porque quieran ser groseros, sino porque son plenamente conscientes de cuáles son sus valores y objetivos. Ser querido es a menudo molesto.

Cuando usted dice que sí a todo, usted paga por ello con su tiempo y objetivos. Porque usted quiere ganarse una sonrisa, usted empuja pensamientos, decisiones, tareas y planes al fondo de su mente. El truco para perfeccionar este truco es encontrar formas creativas pero educadas de decir no. ¿Necesita consejos? Pregúntele a los británicos.

- *Programar y asistir a las reuniones solo como último recurso:* De acuerdo, tal vez usted tenga un horario de oficina, y no puede ser insolente con su jefe y decir no a las reuniones en general. Pero usted puede establecer límites. Usted puede hacer esto al negarse rotundamente, o hacer arreglos para tener reuniones que coincidan con su hora de almuerzo o momentos en los que su energía no está en su punto máximo. Si usted debe decir sí a una reunión, que sea breve. Después de los primeros diez minutos, las reuniones prolongadas se convierten en un montón de gente tirando opiniones recicladas.

Hábito #10: Poco o nada de sueño a favor del trabajo: ¿Usted es el tipo de persona que está obsesionada con dormir muy poco para poder presumir de ello? Noticia de última hora: Si usted duerme cuatro horas al día, no es un héroe. Sí, usted tiene mucho que hacer, y siente que puede arreglárselas con solo unas pocas horas. Aun así, a menos que usted esté conectado para dormir poco, su productividad se ve afectada porque su cerebro no funciona al máximo de su capacidad.

Truco(s) para vencer el insomnio autoimpuesto

• *Vaya a la cama:* Las personas han intentado innumerables trucos para conquistar el insomnio a lo largo de los años, sábanas ásperas, nuevas almohadas duras, y hacer trampas mientras se usa el ciclo de sueño polifásico. Sin embargo, a pesar de todo esto, la productividad se duplica en el momento en que se empieza a dormir lo suficiente.

Trabajar en un cerebro con café y privado de sueño no lo cortará para siempre. Duerma más para no sentirse atontado por la mañana porque, tarde o temprano, su falta de sueño lo alcanzará.

• *Despierte temprano:* La razón de esto es simple y auto explicativa. Las horas doradas entre las 5 a. m. y las 7 a. m. le dan algo de "tiempo para usted" todas las mañanas. A esa hora, no hay prisa, ni interrupciones, y la escurridiza tranquilidad del mundo le pertenece. Usted puede usar estas horas para planificar su día para el éxito cada mañana. De esa manera, usted puede hacer mucho mientras el resto del mundo todavía está durmiendo.

Consejos de productividad controvertidos que realmente funcionan

1. Domine sus minutos: La legendaria gimnasta olímpica Sharon Miller dijo una vez: "Hasta el día de hoy, mantengo un horario que es casi minuto a minuto". El desempeño promedio se basa en los consejos populares de productividad que los alientan a dividir su trabajo en compartimentos por hora y media hora. La productividad consiste en maximizar los minutos, los 1.440 de ellos. Un minuto desperdiciado nunca puede ser recuperado.

2. Deshágase de las tareas pendientes: Las personas exitosas juran por los cambios que el vivir de acuerdo a su calendario tiene en su productividad. Mientras que muchos consejos de productividad le dicen a usted que haga una lista de tareas, ellos olvidan que el 41 por ciento de las cosas en una lista como esa se quedan sin hacer. Esto lleva al efecto Zeigarnik, donde usted experimenta pensamientos intrusivos sobre tareas que antes se realizaban y se dejaban incompletas. Si usted encuentra que las listas de tareas son molestas, entonces viva de acuerdo a su calendario y programe su día en bloques de 15 minutos.

3. **Use el viaje en el tiempo para derrotar a su ser futuro**: Este es un consejo poco convencional para vencer la postergación. Para usar este consejo con éxito, usted tiene que pensar en todos los tropiezos que su ser futuro podría poner en el camino de su éxito y contrarrestarlos.

Por ejemplo, digamos que usted quiere perder 10 libras para el final del mes. Usted sabe que su yo malvado del futuro, pulsará el botón de "snooze" para asegurarse de no llegar a tiempo para su trote matutino. Luche contra ello poniendo más de una alarma y manteniéndolas lejos de su alcance. De esta manera, su yo malvado futuro no tendrá otra excusa que salir de la cama para apagarlo. Una vez que usted hace eso, usted puede encontrar el futuro que posterga con la excusa de buscar ropa de gimnasia. Venza eso también colocando su bolsa de gimnasia a los pies de su cama y durmiendo con su ropa deportiva. Simplemente encuentre todas las formas en que su ser futuro puede sabotear sus metas y bloquear todos los canales con movimientos dilatorios.

4. **Ríndase**: Las personas son constantemente empujadas a hacer más, a ser más. De eso se tratan la mayoría de los consejos de productividad. Cómo ayudarle a maximizar el tiempo, minimizar las distracciones y mantener la motivación. Es como un silbato que no deja de sonar, ¡señalándole que usted siga adelante! Entonces, ¿qué pasa cuando suena el silbato y usted no se siente con ganas de hacerlo? ¿Qué pasa cuando usted desarrolla los pies fríos?

Los consejos más populares le dicen que se tome un descanso y reduzca las tareas en trozos, ¿verdad? Shoma Morita, un famoso psiquiatra japonés, no está de acuerdo. Sus teorías están influenciadas por el budismo Zen, y enseña lo importante que es renunciar cuando surge la necesidad. Según él, los mayores logros de las personas llegan a ellos cuando están desmotivados y tienen miedo del camino que tienen por delante. Así que, la próxima vez que usted no se sienta con ganas de una tarea, déjala. Dígase a usted mismo, "No me siento con ganas de esto ahora mismo". El truco es atacar la tarea sin tratar de animarse o cambiar lo que siente al respecto.

5. Aplácelo. Deliberadamente. El autor de bestsellers del *New York Times*, Rory Vaden, atestigua el aumento de la productividad que conlleva posponer las tareas. La forma de hacerlo es cambiar la mentalidad sobre las tareas que usted tiene y su posición en la escala de prioridades.

Los consejos convencionales aconsejan que no se posponga ninguna tarea, sino que se haga inmediatamente para quitarla del camino, ¿verdad? ¿Qué pasa si todo el "come sus ranas primero" es un poco de un gusto adquirido? Es un método que no funcionará para todos.

Saber distinguir lo importante de lo urgente le da la libertad de aplazarlo a propósito. De esta manera, usted puede controlar su horario y no al revés.

6. Aproveche Internet: Estudios recientes han demostrado que las mariposas de las redes sociales tienden a ser más productivas. Tomemos a Pinterest, por ejemplo. Se duplica como un motor de búsqueda y una herramienta para ayudar a los negocios a crecer.

Cynthia Sánchez, experta en marketing de medios sociales, fomenta el uso de los medios sociales siempre y cuando no caiga en la categoría de personas que pasan muchas horas navegando y clavando sin pensar. Los medios sociales pueden ser usados para encontrar ideas para proyectos presentes o futuros cuando los necesite.

Hoy en día, cada vez más empresas dedican tiempo a los medios sociales, un promedio de más de 16 horas diarias. Por lo tanto, Facebook puede no ser el mayor asesino de la productividad. Todo lo que usted necesita hacer es añadir un poco de autodisciplina para asegurarse de que se está beneficiando de su tiempo de uso.

7. Olvídese de centrarse en quién o qué no quiere ser: El experto en productividad Michael Hyatt dice que centrar el tiempo y la energía en lo que usted no quiere hacer es un enfoque totalmente equivocado. Estas limitaciones que usted se impone a usted mismo provienen de objetivos rígidos que hacen que las personas sean más propensas a sucumbir a la tentación de fracasar. Para maximizar la productividad, hay que aprender a disfrutar del viaje, no del resultado. Mire a donde quiere usted estar, no a donde ha estado.

8. Deje de visualizar y de hablar de sus objetivos con cualquiera: Toneladas de personas y muchos sitios web le han dicho lo importante que es escribir sus objetivos y ponerlos en su línea de visión. Un paseo por su dormitorio y el estudio tienen más Post-its que muebles reales. Esta es una gran idea en teoría. Dicho esto, ver sus metas día tras día y tener un compañero de responsabilidad no garantiza necesariamente que su objetivo se cumpla. Según Heather Kappes y Gabrielle Oettingen de la Universidad de Nueva York, "Las fantasías positivas de éxito solo agotan la energía de la ambición". Así que, mantener sus sueños en su cabeza es una gran manera de mantener su impulso fuerte.

9. Haga una tarea imposible: Este consejo, tan controvertido como suena, ha funcionado muy bien para muchas personas. Según el psicólogo americano Robert Epstein, hacer una tarea imposible para uno mismo es como someter al cerebro a una terapia de choque.

Los métodos de productividad como el GTD, por ejemplo, le animan a desechar objetivos imposibles o inalcanzables. ¿Qué sucede cuando usted hace que su banco cerebral presione algo un poco más pesado de lo que está acostumbrado? Abrumar a su cerebro estira sus capacidades, como una banda elástica. Le muestra cómo empujarse aún más para que las tareas considerablemente normales parezcan relativamente fáciles.

Capítulo nueve: Comprensión de la autodisciplina

La autodisciplina es superar sus debilidades a pesar de sus sentimientos. Es defender lo que usted cree que es correcto a pesar de las tentaciones que enfrenta para abandonarlo. El antiguo Primer Ministro Británico Benjamin Disraeli dijo, "Sus circunstancias están fuera de su control, pero su conducta está en su poder". Pregúntele a cualquier persona exitosa sus secretos más importantes, y la disciplina siempre llega a los tres primeros. La disciplina es algo que usted debe practicar diariamente.

La autodisciplina puede tomar muchas formas: resistencia, aguante, persistencia, terminar lo que usted se proponga hacer, y pensar antes de actuar o hablar, sin importar las dificultades que enfrente. Para ser auto disciplinado, usted debe aprender a mostrar moderación, luchar contra sus impulsos, y estar listo para sacrificar las recompensas o gratificaciones a corto plazo en favor de sus objetivos a largo plazo, no importa cuánto tiempo tome. Con disciplina, usted se apega al proceso. Usted asume la responsabilidad de sus acciones, sin importar el costo para su autoestima.

No se puede confiar en el talento para llegar a cualquier parte de la vida si no se tiene disciplina para hacer lo que hay que hacer, incluso en los días en que no se tiene ganas. Piense en su deporte favorito. ¿Cuál es? Bien, ahora imagínese sin ninguna regla. ¿Cómo sería? Todos los deportes se crean sobre la base de la disciplina y el juego limpio. A cada jugador se le da la misma oportunidad y se espera que siga las reglas del juego. Quien se niegue a cumplir estas reglas será castigado.

La verdadera autodisciplina no es restrictiva o rígida como mucha gente asume. No tiene nada que ver con los monjes de las montañas. La autodisciplina es la expresión más verdadera de la libertad de la pereza, el miedo, la duda y la debilidad. Con la autodisciplina, usted se convierte en un maestro de su fuerza interior, emociones, pensamientos, y la individualidad de su expresión.

Tipos de autodisciplina practicados por diferentes personalidades

La gente aborda la tarea de la autodisciplina de manera diferente. Ningún enfoque es superior al otro, pero es imperativo entender los diversos lentes de los diferentes tipos de personalidad utilizados para ver el acto de restricción.

• *Analistas (Intuitivo + Pensamiento):* Estos intelectuales son introspectivos, realistas y buscan constantemente el conocimiento. Adoptan un enfoque pragmático de la autodisciplina. Para ellos, para que cualquier cosa sea de utilidad o interés, tiene que tener un alto nivel de importancia. De lo contrario, es mejor dejar las cosas como están.

Si no ven el panorama general que implica una tarea, no se van a molestar. Así es como ven la disciplina. Viven según sus propias reglas con poco o ningún uso de las técnicas convencionales de autodisciplina, despertándose temprano, haciendo una lista de cosas por hacer, o cualquier otra cosa. Puede que los consideren perezosos, pero hay un orden en su caos.

• *Centinelas (Sentir + Juzgar):* Las personas más estables y observadoras que jamás usted conocerá. Su necesidad de rutina y orden les hace prestar atención a los detalles. La disciplina llega fácilmente a los centinelas porque no son impulsados por el impulso sino por hechos concretos.

El típico centinela nunca tiene un hilo suelto o un cabello colgando fuera de su lugar. Nunca serán desordenados ya que son limpiadores compulsivos. No duermen hasta tarde. No duermen antes de planear su próximo día, incluso la semana, hasta el último minuto. La forma más fácil de sacar a esta personalidad de su juego es introducir una variable desconocida porque no les gustan los cambios ni la imprevisibilidad.

- *Creadores (Sentir + Percibir):* Esta personalidad es un explorador. Son impulsivos. Prosperan con la flexibilidad y la belleza del aquí y ahora. El mañana se queda en el futuro para estos. Los creadores están constantemente en una búsqueda, pero tratan de atenerse a las reglas, con el ocasional dedo de la mano o del pie fuera de la línea.

La disciplina llega en un momento dado para ellos. Rara vez pensarán en una tarea hasta que falten días para la fecha límite. Solo intentarán limpiar cuando no hay nada más que hacer, y también encuentran formas divertidas de hacerlo. Su enfoque de la disciplina puede ser quisquilloso, pero no significa que no se adapten a las reglas o a la ética que les interesa.

- *Visionarios (Intuitivo + Sentimiento):* Idealista y compasivo, este tipo de personalidad desprecia el conflicto y verá las reglas como una trampa. A diferencia de los centinelas, las líneas finas no les importan, por lo que abordan la autodisciplina desde la perspectiva de la armonía, no porque quieran conformarse con algún tipo de regla.

Donde los centinelas tienen la cabeza abajo trabajando muy duro, los visionarios tienen la cabeza en las nubes jugando un juego cósmico de conectar los puntos.

Al adoptar la disciplina, usted no se condena a usted mismo en su enfoque, ya que las reglas pueden encajar tan bien como un saco de yute. Por eso no es realista obligar a todo el mundo a que se rinda a un estilo de reglas preestablecidas cuando todo el mundo es excepcionalmente diferente.

Formas básicas de autodisciplina

• *Autocontrol:* La capacidad de reducir o redirigir las emociones negativas o improductivas, eligiendo estar en silencio incluso cuando tiene la razón.

• *Autodirección:* Tomar decisiones racionales rápidamente cuando se enfrenta a la incertidumbre o a la poca o ninguna orientación. Un ejemplo de esto puede verse cuando un nuevo empleado que trabaja bien bajo presión toma una gran iniciativa sin ninguna dirección previa de un superior.

• *Hábito o rutina:* Comportamiento repetitivo pero productivo. Por ejemplo, el hábito de trotar cinco millas antes del amanecer cada mañana.

• *Resistencia:* Mantener su posición y valores bajo la crítica y el estrés.

• *Estoicismo:* El ideal que no permite que nada negativo afecte su felicidad porque usted sabe que, al final del día, solo su respuesta a la situación es todo lo que importa.

• *Comportamiento basado en principios:* La capacidad de ajustar su comportamiento a los ideales que representa. Por ejemplo, obedecer la regla de oro de tratar a los demás como quiere ser tratado.

• *Fuerza de voluntad:* El impulso de seguir adelante a pesar de las dificultades.

• *Resistencia:* Darlo todo a una tarea singular que requiere su atención y mantenerla a lo largo del tiempo.

• *Introspección:* Internamente, examinarse a usted mismo y a su carácter para efectuar el cambio solo de manera productiva.

Beneficios de la autodisciplina

La autodisciplina no solo es beneficiosa cuando usted está tratando de añadir algo positivo a su vida. También se necesita este conjunto de habilidades para dejar hábitos adictivos y perjudiciales, curar trastornos alimenticios, mantener una rutina y asegurar la salud de la mente y el cuerpo. Esto se debe a que la eliminación de los malos hábitos es la única manera de crear espacio para resultados positivos. Eche un vistazo a algunos de los beneficios de la autodisciplina.

La autodisciplina ayuda a crear buenos hábitos. Los hábitos que usted tiene pueden hacer o deshacer. Las personas auto disciplinadas son las que se animan a sí mismas a trabajar y a ser consecuentes con su ética de trabajo para atraer el éxito.

Con la autodisciplina, usted ha mejorado las relaciones con los demás. Su relación con usted mismo es un gran predictor de cómo trata a los demás. La autodisciplina le enseña a cumplir las promesas que se hace a usted mismo y a los demás.

Ser auto disciplinado le ayuda a ahorrar tiempo. Con la autodisciplina, usted puede lograr los objetivos establecidos a tiempo, lo que le ahorra muchas penas. No hay nada como la molestia de último minuto con la autodisciplina.

Una mente disciplinada le ayuda a sentirse más satisfecho. La autodisciplina hace que confíe en quién es y se sienta cómodo con quien usted se está convirtiendo.

Cuando usted es auto disciplinado, puede tener placeres libres de culpa. La autodisciplina quita la culpa y la vergüenza que viene con el hecho de no hacer las cosas correctas en el momento indicado. Usted se siente más ligero porque no tiene la proverbial guillotina colgando sobre su cabeza.

Establecer prioridades claras es más fácil cuando se es auto disciplinado. Tener objetivos y prioridades claras va de la mano con el dominio de la autodisciplina. Con la autodisciplina, usted tiene un mejor enfoque. No hay distracciones que puedan hacerle perder la concentración. Usted toma decisiones más rápidas y tiene una mejor oportunidad en la vida.

La autodisciplina le ayuda a elevar sus estándares. Si hay algo que la práctica de la autodisciplina le enseña, es el poder que viene con el conocimiento de su valor. Usted deja de cruzar ríos para las personas que no saltarían un charco por usted. Ya no es controlado por sus impulsos, usted se libera de las trampas de la gratificación instantánea.

Disciplínese, y usted se convierte en su propio jefe. Esto es la libertad absoluta de la postergación. ¿No sería maravilloso si usted pudiera hacer lo que quisiera sabiendo que los hábitos que usted ha adquirido le dejan inmune a las adicciones y al estrés? Con la disciplina, no se deja llevar por sus emociones, sino por sus objetivos y valores.

Razones por las que usted carece de autodisciplina

¿Alguna vez usted se ha preguntado por qué no puede ponerse a practicar la autodisciplina? Está bien preguntarse a veces. Preguntarse a usted mismo sobre su ética de trabajo mientras intenta desarrollar formas de maximizar la eficiencia es un hábito muy saludable. De hecho, de vez en cuando es necesario hacer evaluaciones honestas de usted mismo.

La autodisciplina es esa voz en su cabeza que le dice cuándo es descuidado. No importa cuántos videos de YouTube de gurús de la autoayuda y entrenadores de estilo de vida usted vea, usted tiene que saber que muchos de estos expertos están fingiendo.

Nadie tiene la fórmula secreta para cultivar la autodisciplina. Eso es porque la autodisciplina depende de usted. Claro, estos "expertos" pueden dar un par de consejos, pero esto es lo que usted necesita saber sobre su falta de autodisciplina: O usted no la tiene porque no ha tomado la decisión de comprometerse o no la tiene porque no siente que sea importante para usted... todavía.

En pocas palabras, aquí está la razón por la que probablemente usted carece de autodisciplina:

1. **Predisposición:** Usted tiene la idea equivocada de que es una habilidad difícil de desarrollar y requiere demasiado sacrificio.

2. **Pereza:** Usted carece de fuerza interior y aborrece las tareas que requieren esfuerzo. Usted prefiere estar cómodo con el bajo rendimiento que ponerse a trabajar para aumentar su productividad.

3. **No hay metas ni propósitos:** No hay necesidad de cultivar un hábito que usted siente que tiene poco o ningún uso. ¿Por qué comprar un delantal cuando usted no puede y no quiere cocinar?

4. **Falta de fuerza de voluntad:** Usted se siente vacío, hueco y sin motivación. Usted lo posterga porque es el único mecanismo de supervivencia que conoce.

5. **Mala salud:** Una debilidad en su cuerpo le hace incapaz de hacer nada excepto llegar al día siguiente de una sola pieza, preferiblemente. Otro factor podría ser la privación del sueño, que lo lleva a un estado en el que sufre una disfunción ejecutiva.

6. **Tentaciones:** Estas lo persiguen todos los días... Ese enorme helado de dulce de nuez que aparece de repente en un caluroso día de verano cuando usted está a dieta, o la perspectiva de dormir en lugar de acudir a su cita con su instructor de Pilates. ¿Cómo puede simplemente dejar pasar la oportunidad de pasar el tiempo de una manera que le ofrezca una dulce escapatoria de la monotonía de sus actividades diarias? Ceder a estas tentaciones nunca le permitirá cultivar la autodisciplina.

7. **Miedo al fracaso:** Cuando usted siente que nada de lo que hace importa, o cada paso que da es un fracaso, usted es incapaz de reunir la perseverancia y la fuerza interior que forman la base de la autodisciplina.

8. **Simplemente no lo tiene en usted:** Extraño, pero cierto. Puede usted quererla, desear desarrollarla, pero no sabe por dónde empezar.

Se hace más fácil ser disciplinado cuando usted entiende que todas las acciones tienen consecuencias. Cuando usted es plenamente consciente de los resultados de su comportamiento, es más probable que haga cambios.

Acepte que la autodisciplina es una habilidad importante para la máxima productividad. Usted no puede sentarse a esperar que el éxito llegue a usted. La autodisciplina es el puente entre sus metas y sus logros.

Tome los pasos necesarios para actuar y comportarse de manera que coincida con los valores que defiende y las decisiones que toma, independientemente de sus muchas debilidades.

Capítulo diez: Cómo identificar los malos hábitos y romperlos

Es por la mañana. Usted no se siente bien. Usted está despierto, pero tiene miedo de lo que la vida le arrojará en el momento en que tome la decisión consciente de dejar que sus pies toquen el suelo. Usted sabe que necesita perder peso, pero no quiere tirar la última porción de lasaña que su madre hizo especialmente para usted.

Todo el mundo ha estado ahí en algún momento de su vida, donde usted solo quiere deshacerse de sus desagradables hábitos a través de la pura fuerza de voluntad. Lo más probable es que usted haya fracasado miserablemente, y como es un mal perdedor, usted se tomó esa caída demasiado en serio y cayó presa de un vicio. Tal vez incluso dos. Beber, comer compulsivamente, postergar, y así sucesivamente. Estas se convierten en muletas disponibles que lo hacen sentir bien por un minuto, pero peor a la larga.

9 malos hábitos que le impiden ser autodisciplinado

1. Desperdiciar recursos valiosos: Cuando usted encuentra fácil de dejar de lado el tiempo y el dinero ya que su vida depende de ello, usted comienza a correr en un déficit. Así es como funciona este círculo vicioso. Usted comienza creyendo que no puede ganar, le da todo lo que puede, pero todo lo que usted está haciendo es saltar de un trabajo mal pagado a otro. Usted comienza el juego de la culpa, sintiéndose como la sociedad y sus padres le deben un cheque en blanco y un boleto para el Super Bowl.

Más tarde, escoge el hábito más peligroso que pueda soportar y decide: "Ya que estoy deprimido, mejor lo aprovecho". Así que usted se revuelca con este hábito y se deleita con el placer instantáneo que le brinda. Se siente tan bien al olvidar. Usted sigue olvidando y olvidando hasta que ni siquiera puede recordar qué pérdida llevó al hábito en primer lugar. Gastar tiempo valioso en hábitos dañinos no hace nada por su productividad. Si acaso, usted termina con una deuda masiva y muchas oportunidades perdidas.

2. Racionalización: Por difícil que sea de creer, se necesitan muchas agallas para ser honesto con usted mismo. ¿Cuándo fue la última vez que usted miró en lo profundo de su ser? La falta de disciplina hace que sea fácil encubrir o intentar negar un mal hábito o falta. Es como usar una tirita en una herida abierta.

3. Falta de un objetivo y una visión clara: La disciplina lo mantiene enfocado y maximiza su eficiencia con recursos escasos. Las personas perezosas carecen del temple para planificar sus vidas de acuerdo con su propósito, por lo que las distracciones fácilmente les hacen perder el equilibrio.

4. Ceñirse a un horario es difícil: La disciplina implica que usted trabaje para cumplir un objetivo o un conjunto de objetivos. Cuando usted navega por la vida sin un plan, se está preparando para el fracaso. Usted no puede tener éxito si no tiene la fuerza mental para elaborar un programa y cumplirlo.

5. Enfocarse solo en el panorama general: La autodisciplina no se trata solo de rutinas, de hacer banco y de cumplir con los plazos; se trata de disfrutar de todo el viaje. Sin disciplina, uno se sintoniza demasiado con el resultado y no aprecia el proceso.

6. Afición por las transformaciones drásticas: La última cosa en la mente de una persona sin autodisciplina es la letra pequeña. No importa los cambios que quiera afectar en su búsqueda de autodisciplina, es importante que usted comience con pasos de bebé, aumentando los niveles de dificultad y superándolos hasta que alcance el nivel de éxito deseado.

7. Elegir el camino de menor resistencia: El orador motivacional Brian Tracy dice que el mayor enemigo en el camino del éxito es el camino de la menor resistencia. La indisciplina lo mantiene enfocado en lo que es fácil y divertido por encima de lo que es realmente importante. Si el éxito y la autodisciplina fueran fáciles, todo el mundo sería un gurú, y este capítulo, en realidad todo el libro, no tendría sentido, por decir algo.

8. Sin compromiso: Hay una sensación de cumplimiento que viene con hacer y mantener una promesa a usted mismo, nunca rompiendo su palabra hasta que se logra o se cumple. Si usted no tiene planes, objetivos, visión clara o planes de respaldo, ¿cómo usted planea entonces responder al fracaso sin autodisciplina? La respuesta es pan comido: Simplemente usted se daría por vencido.

9. Diálogo interno negativo: Las personas pasan sus días vagamente conscientes de la voz que ejecuta el monólogo en sus cabezas, como una cinta que se repite a lo largo del día y en la noche. La charla interna combina la creencia y el prejuicio de tal manera que puede interpretar y entender todas las actividades de su día. Cambia de marcha por un momento... Hace de este monólogo una crítica para que en lugar de aumentar su confianza y apagar su miedo, le hable hasta que la vergüenza del fracaso le paralice.

Una simple teoría que usan los psicólogos: Evento + Pensamiento = Emoción

Así que, si sus pensamientos determinan cómo usted se siente, la solución práctica para cambiar sus sentimientos es ajustar su proceso de pensamiento. Cosas como "Soy un idiota a veces" y "Siempre arruino las cosas sin importar lo que pase" no hacen nada por usted excepto hacerle creer la palabra negativa vómito inventada por su mente.

Sin disciplina, usted no está en control de la forma en que piensa, dejando que su crítico interno se descontrole para que vea lo malo en todo, incluido usted mismo. Este constante sabotaje mental le hace buscar formas de señalar todo lo malo del mundo y encubrirlo bajo el disfraz del "realismo".

Consejos para romper los malos hábitos

Hábito 1: Desperdiciar recursos valiosos

Consejo: Deje de poner excusas. No importa qué objetivos usted quiere alcanzar, saber que depende de usted para hacer que suceda es toda la diferencia que necesita. Nadie le debe nada, ni siquiera sus padres. Echar culpas como si fuera una pelota de baloncesto es negarse a ser responsable de las malas decisiones que usted ha tomado. Elegir pasar su tiempo productivamente influirá en las decisiones que usted toma diariamente.

Hábito 2: Racionalización

Consejo: Conozca los factores desencadenantes. La clave para liberarse de los malos hábitos es localizar la fuente. Jonathan Gilinski, director ejecutivo de Caps Canada y fundador de Capsuline, encontró una manera de hacer que este consejo funcione. Lo que propone es identificar la fuente del hábito (hay que hacer mucho examen de conciencia para esto), y aislar el disparador para derrotar el hábito. Los desencadenantes pueden ser el estrés, la ira, la mala salud y otras causas similares. El siguiente paso es romper el ciclo. Para ello, se reemplaza el mal hábito por uno que proporcione un beneficio similar. Por ejemplo, si el desencadenante es el estrés y usted tiende a postergar las tareas porque pasa su tiempo aliviando su estrés desplazándose por Facebook, podría reemplazar sus actividades en Internet por otro hábito, como correr durante la misma cantidad de tiempo en una cinta de correr, lo que libera dopamina, su hormona de la sensación de bienestar. Una ventaja es que el ejercicio reduce el cortisol, que es su hormona del estrés, y, lo que, es más, usted puede mantenerse en forma.

Hábito 3: No hay objetivos claros

Consejo: Establezca objetivos claros y planee ejecutarlos completamente. Si usted tiene el deseo de lograr la autodisciplina, necesita tener claro su(s) razón(es) de ser. Michael Johnson, orador y entrenador de mentalidad para atletas profesionales, tuvo su justa cuota de luchas con la disciplina. Se propuso lograr claridad de propósito leyendo en voz alta sus objetivos y misión del día tan pronto como se levantó de la cama. Eso mantuvo sus tareas en el centro de su mente durante todo el día. Eso le facilitaba evitar las distracciones. Cada noche, escribía las respuestas a estas tres preguntas en su diario:

- ¿Qué ha ido bien hoy?
- ¿Qué podría haber hecho mejor?
- ¿De qué estoy agradecido?

Entender la necesidad de reevaluar es tan importante como aclarar sus objetivos. Después de todo, una prueba realizada sin resultados no deja espacio para la mejora.

Hábito 4: Cumplir con un horario es difícil

Consejo: Desarrolle una mentalidad proactiva. Un enfoque proactivo se centra en la eliminación del problema antes de que el problema tenga la oportunidad de aparecer. Una mentalidad reactiva, por otro lado, reacciona a un evento después de que haya ocurrido.

Piense en una mentalidad proactiva como los pro bióticos y una mentalidad reactiva como los antibióticos. ¿Qué prefiere usted tomar para luchar contra una infección? ¿La que mantiene su intestino feliz, cortando cada bacteria en el brote antes de que se materialicen o la píldora que actúa después de que el problema haya surgido? Cuando usted se despierta cada mañana, ¿cómo pasa el día? Será muy fácil si usted toma medidas para crear un programa que le permita controlar su propio tiempo.

Si usted no se atiene a un horario, corre el riesgo de perder los buenos hábitos que ha cultivado para usted mismo en reacción a los estímulos externos. Por ejemplo, si usted se despierta por la mañana y su horario dice: "Medite 20 minutos, desayune, vaya al trabajo, limpie su escritorio y responda al correo electrónico", puede que descubra que es más fácil establecer su propio ritmo para el día y maximizar la productividad porque ha administrado su tiempo y lo ha hecho conscientemente.

Por otro lado, si lo primero que usted hace cada mañana es alcanzar su teléfono y entablar correspondencia en línea antes de que su cerebro tenga la oportunidad de averiguar cuáles son sus planes para el día, usted termina estableciendo su día en reacción al horario de otra persona en su lugar.

Cree nuevos hábitos manteniéndolo simple. Adquirir el hábito de la autodisciplina puede resultar desalentador al principio, especialmente cuando usted se concentra en toda la tarea de una sola vez. Para evitar sentirse intimidado, divida sus objetivos en pasos más pequeños.

El objetivo de la autodisciplina no es cambiarlo todo de una vez, sino centrarse en hacer una sola cosa de forma consistente hasta que le salga de forma natural. Por ejemplo, si su objetivo es comer más sano, puede empezar preparando sus comidas para toda la semana en frascos de vidrio, bolsas Ziploc o contenedores de plástico para llevar. De esta manera, sus comidas estarán al alcance de la mano. Con el tiempo, usted puede agregar más actividades como el ejercicio a su lista.

Hábito 5: Sin compromiso

Consejo: Desarrolle su fuerza de voluntad. Un estudio realizado por la Universidad de Stanford descubrió que la cantidad de fuerza de voluntad de una persona está determinada por sus creencias. Si usted cree que tiene una cantidad limitada de fuerza de voluntad, le será difícil comprometerse con algo.

Negarse a poner límites a sus habilidades, por otro lado, asegura que las alcance todas y que siga adelante con fuerza. El periodista canadiense Malcolm Gladwell popularizó la idea de las 10.000 horas. Desde su teoría, se necesitan 10.000 horas para dominar cualquier habilidad. Así que, antes de adquirir una habilidad, pregúntese, "¿Estoy listo para dedicar 10.000 horas de mi tiempo para hacer esto?". Si su respuesta es no, déjelo y pase a otras prioridades.

Audite sus días. Esto significa escribir todo lo que usted hace durante tres días y cuánto tiempo le tomó hacerlo. Sí, todo, desde cuánto tiempo le tomó despertarse hasta cuánto tiempo pasa en el baño antes de salir a trabajar.

Destaque todas las actividades y hábitos que usted ha escrito y que le llevan mucho tiempo y reemplácelos con formas más eficientes. Por ejemplo, si le lleva 20 minutos decidir qué ponerse cada mañana, el hecho de poner la ropa ordenadamente la noche anterior eliminará esa actividad y le dará tiempo para otras actividades que valgan la pena. Esta es una manera muy buena de mirar hacia atrás a su día y averiguar todos los malos hábitos que le impiden convertirse en quien usted quiere ser.

Encuentre un ayudante de tareas. Las personas pueden probar muchos consejos y trucos, pero no pueden dejar de hacer lo contrario de lo que quieren a veces. Es como si sus cuerpos y mentes se quisieran a sí mismos para hacer cosas que no quieren. Asignar a un amigo o grupo de amigos para que le hagan responsable de una tarea o un objetivo asegura que no se entretenga ni se demore. El delegado de esta tarea debería ser alguien en quien usted pueda confiar para llamarlo cuando se retrase.

Hábito 6: Elegir el camino de la menor resistencia

Consejo: Encuentre el placer en las cosas difíciles. En lugar de buscar formas fáciles de salir, usted puede cambiar su enfoque y concentrarse en hacer el trabajo duro más rápido y mejor cada vez. Al hacer esto, recuerde que la velocidad es esencial.

El éxito se basa en la persistencia y la perseverancia. La disciplina es lo que lo lleva a su destino final: La realización de sus objetivos. Cuanto más usted se aplica a las tareas que considera difíciles, más mejoran sus capacidades, y comienza a verse con hambre de más.

La disciplina es una fuente de poder. Es la fuerza que lo mantiene en asombro por sus capacidades y las muchas oportunidades de la vida. No es aburrida o rígida; es la libertad de canalizar todo lo que usted tiene en hacer algo que es realmente hermoso.

Cambie su actitud hacia sus errores. La mayoría de las veces, usted elige el camino de menor resistencia porque no quiere cometer errores. Lo que usted no entiende es que, en algunos días, la autodisciplina viene fácilmente. En otros días, no tanto. Es posible que usted esté muy estresado por su día en la escuela, y por eso se convence a usted mismo de que está bien saltarse la sesión de ejercicios del día y ponerse a trabajar con un poco de Ben & Jerry's.

Otras veces, usted está contento con sus resultados, y se dice a usted mismo que tiene derecho a algunos días de ocio. Dejar que los hábitos se deslicen es parte de los errores que las personas se encuentran haciendo en el camino para ser mejores. La clave para recuperarse de estos errores de manera efectiva es seguir adelante con la resolución de hacerlo mejor la próxima vez. Usted no tiene que sentarse en su regazo, envidiando a los que tienen buenos hábitos. Usted también puede cultivar un impresionante autocontrol. Todo lo que usted necesita hacer es tomar una decisión.

Hábito 7: Hablar de usted mismo de forma negativa

Consejo: Silencie a su crítico interior. Las reflexiones de su crítico interno pueden ser sofocantes a veces. Ese diálogo interno negativo limita su capacidad de creer en usted mismo y en sus habilidades. Aunque pensar pensamientos negativos puede parecer una observación muy astuta, esos pensamientos y sentimientos que usted tiene pueden provenir de puntos de vista que no pueden considerarse precisos ya que están sujetos a la forma en que usted se siente y a su estado de ánimo en el momento.

También ayudaría cambiar su negatividad a la neutralidad y adoptar una mentalidad estoica. Si usted no puede apagar totalmente el crítico, entonces lo obliga a usar un lenguaje más suave. Así que, en lugar de decir, "Odio esto" o "Esto es un desafío", usted puede decir, "Preferiría..." o "No me gusta esto". Cuando su crítico interno usa palabras suaves, gran parte de su poder negativo también disminuye.

Otra cosa que usted puede tratar de hacer cuando se encuentra cayendo en la negatividad es decir las palabras negativas en voz alta. Decir esas palabras negativas en voz alta o en voz baja puede recordarle lo duro que suena y darle un respiro. Nadie es perfecto, y usted siempre puede comenzar de nuevo. Recuerde eso.

Capítulo Once: La mentalidad espartana: Estrategias para la fortaleza mental

¿Usted ha oído hablar de la mentalidad del guerrero? ¿Qué es lo único que usted quiere en este momento? ¿Qué tanto lo desea? ¿Qué está dispuesto usted a hacer para conseguirlo?

Verá, los humanos instintivamente saben cómo pelear. Si alguien se acerca a usted y va a pegarle en la cara, ¿qué haría usted? Lo más probable es que se agache y lo contrarreste con un puñetazo propio. Así es como la gente está conectada.

La sociedad actual ha hecho a todos demasiados mansos. Ahora están demasiado cómodos, esperando que todos sean civiles, respetuosos de la ley y todo eso. Usted puede pedir el desayuno con el toque de un botón. Usted tiene un paraíso para los hombres perezosos.

Mire su mano dominante, de la que depende para sostener dispositivos informáticos tan poderosos que desconcierta a la mente. Usted tiene el lujo de dar marcha atrás y aparcar su coche, e incluso una aplicación llamada Handy para fomentar su festival de descuido porque no puede limpiar su casa y de alguna manera se las arregló para bloquear su retrete con una rebanada de pizza.

¿Qué es lo que usted necesita entonces? Un cambio de percepción. Una mentalidad espartana. La mentalidad guerrera no es solo luchar, sino estar preparado para afrontar un reto, negarse a abandonar porque cree firmemente en la causa por la que lucha.

¿Qué conoce usted de los espartanos? ¿Son sus iconos, las peleas en el barro o las chucherías de la película de Hollywood *300*?

Ser espartano no es solo un reto, sino un estilo de vida y un rito de paso que implica cantidades sobrehumanas de determinación, resistencia y agallas, dentro y fuera del campo de batalla.

La buena noticia es que el instinto de lucha está arraigado en el ADN humano para empujarle lo suficiente. Todo el mundo tiene el poder de aprovechar su instinto animal. El que les lleva a luchar, adaptarse y vencer. La mentalidad espartana no se puede crear. Solo hay que inculcar disciplina y estructura para que esos instintos salgan a la superficie.

¡Esto es Esparta!

Esparta era una ciudad de Laconia, en la antigua Grecia. Era conocida por la poesía, la cerámica y una famosa tradición marcial. En su apogeo, la ciudad de Esparta no tenía ninguna muralla, eligiendo defender su ciudad con hombres en lugar de con mortero.

Como espartano, su vida empezó en el momento en que nació. Cuando una familia espartana daba a luz a un hijo, los ancianos venían a ver al niño y se aseguraban de que estuviera en forma. Si no lo estaba, lo tiraban a un pozo, lo dejaban morir por exposición o lo vendían como esclavo.

Cuando eran bebés, se les bañaba con vino para "templar" sus cuerpos. Mientras que hoy los bebés beben leche junto al biberón, en aquel entonces, ¡los bebés bañados en vino junto al barril! ¡Antes de cumplir los 21 años! Esta absurda tradición ayudaba a los soldados a determinar la reacción del niño para ver si sería apto para unirse a las filas algún día.

A los niños se le enseñaba a no tener miedo a la oscuridad o a estar solos. Se les enseñó a contentarse con comida sencilla y poca agua. A los siete años, los niños fueron arrebatados a sus madres para un riguroso entrenamiento en un campo de entrenamiento llamado el agoge. Esto se debía a que el suave tacto de la madre era perjudicial para el carácter del niño. Antes de irse, las madres solían decir a sus hijos que volvieran con su escudo o en él. Palabras de afecto de despedida - ¡Al estilo espartano!

En la agonía, los niños eran azotados para cultivar la obediencia y el respeto (*aidos*). No llevaban nada más que un phoinikis, que era un pequeño y endeble abrigo. Lluvia, sol o nieve era todo lo que llevaban, así que no tenían más remedio que acostumbrarse a las duras condiciones climáticas.

Ya sea que nevara o que el sol estuviera en su punto más caliente y brillante, se entrenarían. ¿Dormían alguna vez? Claro. Solo tenían que hacer sus propias camas sacando cañas del lecho de los ríos con sus propias manos. Gracias a esto, desarrollaron una increíble fuerza de agarre con sus manos, que resultó útil al empuñar sus espadas.

¿Qué hay de la comida? ¿Qué tal les iba a los espartanos en ese aspecto? En su mayor parte, estaban hambrientos. No había ningún Mickey D. Solo tenían las raciones que el ejército les daba. ¿Tenían un especial? Por supuesto, caldo negro. Este tazón de "bondad" estaba hecho de una escasa cantidad de cerdo y sangre de cerdo y mantenía a los espartanos magros. También les daba hambre, lo que les mantenía increíblemente motivados. Ahora, por alguna razón, algunos de estos espartanos anhelaban una ración extra de esta abominable comida. Estaba bien que robaran; de hecho, se les animaba a hacerlo, con una salvedad: que no les pillaran. Si los descubrían, serían castigados, no porque robaran, sino porque, como se ha dicho, ¡los descubrían! A causa de esto, se volvieron astutos.

A los 12 años, los chicos se graduaban de la ague y eran considerados jóvenes, en cuyo momento se intensificaba el entrenamiento. El entrenamiento se hacía descalzo. Marcharían durante millas para aumentar la resistencia y la fuerza. El entrenamiento con los pies descalzos los endureció, ayudándolos a anclar su peso firmemente en el suelo y enseñándoles a moverse silenciosamente y con intención.

A los 20 años, los chicos debían pasar una rigurosa prueba para convertirse en ciudadanos. Si fracasaban en esto, eran degradados a la clase media, ya que solo los soldados recibían la ciudadanía aristocrática. Incluso después de la graduación, permanecían en los cuarteles. Tampoco se les permitía casarse hasta los 30 años, cuando se les asignaban esposas.

Las chicas espartanas tampoco fueron dejadas de lado. Se las quitaban a sus madres a los siete años y las enviaban a un campo de entrenamiento donde aprendían gimnasia, lucha libre y otros entrenamientos físicos rigurosos. Los espartanos creían firmemente que las madres fuertes hacían a los niños fuertes, y tenían razón desde una perspectiva epigenética. Las mujeres competían en carreras de carros, tiro con arco y otros deportes competitivos al desnudo, igual que los hombres. Solo después de graduarse se les asignaron maridos, casándose mucho más tarde que sus homólogos griegos.

La historia de los espartanos se basa en la tenacidad, el espíritu resistente, la fuerza de voluntad excepcional y la fortaleza mental, hasta el punto de que se sentían cómodos con la incomodidad. Los historiadores dicen que ir al campo de batalla era más cómodo para los espartanos que su campo de entrenamiento. Los SEAL de la Marina son los espartanos de hoy en día. Eche un vistazo a cada historia de cualquier hombre que sea un SEAL, y le dirán que es el entrenamiento lo que hace a los SEAL.

Cómo los Equipos de Mar, Aire y Tierra de la Armada de los Estados Unidos o SEAL (acrónimo de Sea, Air and Land) son la encarnación de la fortaleza mental

- Los SEAL de la Marina, como los espartanos, son una de las unidades de entrenamiento militar de élite del mundo. El entrenamiento de los BUDS (Equipos Seal de Demolición Submarina) tiene una tasa de aprobación que oscila entre el 20 y el 30 por ciento y que termina en un brutal desafío llamado "Semana del Infierno".

El seal promedio no es un gigante. Los actuales operadores de guerra especial naval o SEALs para el mar, el aire y la tierra son los hombres responsables de algunas de las tareas no convencionales, peligrosas y difíciles de las unidades de guerra de la Segunda Guerra Mundial. Como seal, se aprende el entrenamiento básico de demolición, así como el entrenamiento avanzado en terreno urbano, selva, montaña, desierto y ártico.

- En su libro *"El Operador",* Robert O'Neill describió el programa de la semana infernal como la parte más dura del entrenamiento del BUDS, que duró cinco días y medio sin dormir. También se les pedía que se "azucararan" a sí mismos. Esto se hace sumergiendo sus cuerpos en el agua fría del océano y rodando en la arena hasta que sus cuerpos, incluyendo los globos oculares, se cubrieron con la corteza de arena. Si alguna parte del cuerpo quedaba al descubierto, se les castigaba y se les obligaba a volver a la arena.

- La Semana del Infierno pone a prueba la resistencia física, el trabajo en equipo y la capacidad de recuperación mental. Usted tiene frío y escalofríos, calor y sudor, falta de sueño y fatiga, e incluso alucinará y se preguntará por qué decidió convertirse en SEAL en primer lugar. Un tercio de sus compañeros de clase lo dejarán, y algunos otros podrían incluso morir. Sin embargo, para salir adelante, usted tiene que acoger el dolor. De esta manera, en el frente de batalla, usted puede concentrarse en el trabajo, no en su miedo, el dolor, o el terror de las balas voladoras.

La fortaleza mental: Una visión general

Ser mentalmente fuerte es un gran problema de cualquier manera que usted lo mire. Es un gran activo en la productividad y en el logro de tus objetivos, ya sea para obtener un paquete de seis o para pasar el MCAT.

La fortaleza mental es un rasgo de la personalidad que describe la mentalidad. Es la habilidad de resistir, manejar y conquistar las dudas, preocupaciones, circunstancias y preocupaciones. Es la ventaja psicológica que lo diferencia de la persona promedio.

Las personas mentalmente fuertes son aquellas que logran resultados excepcionales yendo a contracorriente, haciendo cosas que otros consideran locas. Esto se debe a que una vez que usted se enfrenta a una situación que teme, la mira a los ojos y la arrastra por los cuernos; usted construye la fuerza interior y la capacidad de adaptación. Si no lo desafía, no tiene el poder de cambiarlo.

Los directores ejecutivos, gerentes y otras personas exitosas suelen tener altos niveles de fortaleza mental, por lo que pueden funcionar y concentrarse a pesar de estar estresados.

Dato curioso: La fortaleza mental es la razón por la que muchos psicópatas se convierten en los mejores empresarios.

Cuando se hacen fuertes, evitan un rasgo llamado impotencia aprendida, o el "síndrome de la damisela en apuros", en el que se aprende a abandonar después de varios intentos fallidos. La impotencia aprendida es la causa de muchos problemas de salud mental como la depresión, la ansiedad, la drogadicción, etc.

Las cuatro "C" de " Fortaleza mental"

• *Control:* Control describe el grado en que usted se siente en control de su vida y sus circunstancias. Con el control, cuando usted se enfrenta a situaciones difíciles, por lo general, solo se pone en marcha. Este enfoque calmado evita que usted se sienta descarrilado o distraído.

- *Compromiso:* Con el compromiso, usted está orientado a los objetivos. Este rasgo describe la capacidad de recuperación y la medida en que se puede confiar en usted para establecer objetivos y hacer lo necesario para alcanzarlos.

- *Desafío:* Este es el grado en que usted está dispuesto a empujar y romper los límites, aceptar los riesgos y abrazar el cambio. Las personas mentalmente fuertes ocupan un lugar destacado en la escala de desafíos, mostrando una capacidad para aprender, adaptarse y crecer en situaciones difíciles o desconocidas.

- *Confianza:* Esta es la creencia en uno mismo y en las habilidades. Con confianza, usted representa sus puntos de vista con valentía y se siente cómodo en el manejo de la adversidad.

Beneficios de la fortaleza mental

1. *La fortaleza mental vence a la duda.* No importa cuál sea su ambición en la vida, ya sea triplicar sus ingresos o convertirse en astronauta, probablemente experimentará la desconfianza en algún momento. La fortaleza mental le ayuda a reformular las afirmaciones negativas que tiene sobre usted mismo, para que siga avanzando hacia sus sueños con mayor confianza.

2. *La fortaleza mental le permite dejar de lado los consejos malsanos.* Es natural que en su búsqueda por complacer a los demás o demostrarles que están equivocados, las opiniones de otras personas ahogarán su propia voz. La fortaleza mental lo ayuda a dejar de lado las críticas destructivas de la gente que lo rodea. Ser fuerte mantiene a los detractores lejos para que usted se apegue a sus valores y mantenga su enfoque bajo control.

3. *La fortaleza mental le proporciona el valor para enfrentar sus miedos.* Con este rasgo, usted puede salir de su zona de confort y enfrentar situaciones o personas que teme a pesar de su angustia.

4. *La fortaleza mental es ideal para los niños.* Como creían los espartanos, cuando se desarrolla la fortaleza mental, se transmite este rasgo a los futuros hijos, como su modelo a seguir.

5. *Ser mentalmente fuerte significa un mejor bienestar.* Debido a que la fortaleza mental le enseña a controlar las situaciones estresantes sin volarse la cabeza y perder la calma, duerme mejor y es menos probable que desarrolle problemas de salud mental.

6. *La fortaleza mental aumenta la motivación.* Es fácil mantener sus objetivos cuando se es duro por dentro, incluso en los días en los que usted no tiene ganas de hacerlo. Una mentalidad a prueba de balas le da la fuerza que necesita para avanzar en los días en que está cansado y se siente desanimado.

7. *La fortaleza mental le ayuda a construir la responsabilidad.* Se necesita una mente dura para aceptar la responsabilidad de los errores y tratar de aprender de ellos. Con las lecciones que usted aprende de cada prueba que experimenta, usted está un paso más cerca de lograr sus sueños.

8. *Cuanto más fuerte usted es usted mentalmente, más aumenta su autoestima.* En las áreas donde el fracaso lo obliga a rendirse, mentalmente, la gente simplemente se recupera. Se doblan, pero nunca se rompen. Conocen su valor, y como tal, pueden soportar el fracaso sin el miedo a ser ridiculizados. Como el burro en la fosa, se sacuden y usan su fracaso como peldaños para avanzar.

Consejos prácticos y estrategias para mejorar la fortaleza mental

1. **Cómase al elefante entero.** ¿Cómo se come un animal tan grande? Un bocado a la vez, así es como. Cuando usted se enfrenta a una tarea temible, ya sea correr un maratón, hablar con un potencial interés amoroso en su vecindario, o lanzar un nuevo proyecto, es natural entrar en una congelación mente-cuerpo donde su cerebro le dice que se detenga incluso antes de empezar.

Aplicación: Los Seals de la marina presentan una solución a esto: la segmentación. Todo lo que usted necesita hacer es dividir sus temidas tareas en bocados manejables que usted pueda masticar. Enfrente su desafío un paso a la vez. Es un cliché, pero cierto.

2. No sea reactivo. Este es un ejercicio de autocontrol. La fortaleza mental es el equivalente mental del estado de flujo en el que usted se sintoniza, se separa y deja sus pensamientos atrás. No se preocupe por el desafío de su situación en el trabajo. Solo concéntrese en lo que está haciendo y en lo lejos que tiene que llegar.

Es muy parecido a la consciencia, en realidad. Si usted se esfuerza lo suficiente, entrará en la zona de forma natural. Es similar a lo que los nadadores llaman "coma de natación". En un coma de natación, solo son usted y el agua. Usted sigue empujando, golpe tras golpe, incluso cuando sus pulmones se sienten como si hubiera tragado gasolina, y sus piernas se sienten como plomo. Usted necesita llegar a la línea de meta. Y lo hace.

Una vez que usted alcanza el estado de flujo, usted encuentra que es más fácil volver a él. Para ser productivo, usted necesita para aprovechar su reserva de energía. Ya sabe, la que creía que no tenía... Sí, esa es. Usted puede empujar a través de esas millas adicionales, y peinar a través de otra hora de trabajo todo por la elección de controlar su reacción a su entorno y la situación.

La no reacción también se llama la mentalidad estoica, que le enseña a no preocuparse por hacer todo perfecto, sino a aceptar que las cosas malas sucedan. Usted domina el autocontrol al desprenderse de usted mismo para poder hacer lo que se necesita hacer.

Aplicación: Piense en cómo interpreta los eventos que suceden a su alrededor. Una vez que usted reconozca sus patrones de pensamiento, cambie su forma de pensar, reencuadre y desafíe ese punto de vista. Hágalo positivo. Vea las situaciones negativas como una oportunidad para desafiarse a usted mismo.

3. Domine sus emociones. En tiempos de estrés, las hormonas del estrés de su cuerpo como la adrenalina, el cortisol y la norepinefrina le dan un impulso de energía. Pero cuando estas hormonas se mantienen elevadas por períodos más largos de lo necesario, se hace difícil relajarse. Los ataques de insomnio lo acosan. Usted tiene una falta de motivación, y usted se enferma. Los SEAL practican el control emocional usando la técnica de respiración 4-4-4. Inspiran durante cuatro segundos, mantienen la respiración durante cuatro segundos, espiran durante cuatro segundos, y luego mantienen la respiración durante cuatro segundos y repiten el ciclo. Este tipo de técnica de respiración también ha sido utilizada por los yoguis en la terapia ayurvédica para desactivar las hormonas del estrés y promover la relajación.

Aplicación: Esta técnica puede ser familiar para usted si ya practica la meditación. Así que cuando usted está en el próximo trabajo o tratando de lograr un objetivo, y siente que el estrés se aproxima, tome varias respiraciones profundas, al estilo SEAL de la marina, antes de abordarlo de nuevo.

4. Celebre pequeñas victorias. ¿Qué hace usted cuando su moral sufre un golpe o está en su punto más bajo? ¿Qué hace usted en los días en los que no llueve, sino que llueve a cántaros? ¿Usted acaba de perder su trabajo, chocó su coche, y perdió su cartera todo en un día? ¿Cuál es su reacción cuando todo parece tomar un giro para lo peor?

Aplicación: La solución es celebrar sus ganancias y estar agradecido por las pequeñas victorias. Piense en pequeño y descubra por qué está agradecido. ¿Qué fue bien ese día? Use un cuaderno de notas para anotar lo que agradece para mantener la moral alta. Su gratitud puede ser por algo tan pequeño como un choque de manos de su indigente favorito, una sonrisa del nuevo camarero de su cafetería favorita, o el sabor crujiente de su cóctel favorito. Hacer esto crea un círculo de energía positiva para ayudar a disipar la melancolía que usted siente.

5. Descubra su tribu. Para las personas, es fácil olvidar que son criaturas sociales. Siempre están en constante movimiento para pagar las cuentas hasta que se caen. Es fácil olvidar que existen principalmente porque buscan un significado en un mundo que parece eludirles.

Aplicación: Piense en las personas que traen alegría y significado a su vida. Personas que comparten su filosofía y sus principios. Encuéntrelos y construya para usted mismo una cama de resistencia y aguante. Ellos serán los que lo levanten cuando caiga y serán recordatorios constantes para todo lo que encuentre pacífico y valioso en el mundo.

6. Visualización mental. Durante el entrenamiento de los Seals de la marina, muchos de los ejercicios que los estudiantes deben realizar se hacen bajo el agua con equipo de buceo. Como si eso no fuera suficiente, su instructor le da una patada en el trasero atacándolo deliberadamente. El único que se supone que debe asegurarse de que lo esté haciendo bien decide que es una buena idea desconectar su equipo de buceo y dejarle tirado... ¡bajo el agua!

Si su instructor decide que usted estaba demasiado ansioso durante el ejercicio, entonces ha fracasado. ¡Este es solo uno de los muchos ejercicios agotadores que tendrá que hacer durante seis meses de entrenamiento para convertirte en un SEAL de la marina!

Los psicólogos de la marina han descubierto que la razón por la que los estudiantes que tuvieron éxito pudieron superar todo ese intenso entrenamiento es que utilizaron la visualización para prepararse para el ejercicio. En otras palabras, cerraron los ojos deliberadamente y se imaginaron en la peor pesadilla de todos, una y otra vez, completando con éxito las tareas que tenían que hacer.

Aplicación: Siempre que usted tenga algo que hacer que le quitará todo, entonces simplemente mire a través del ojo de su mente e imagínese completando la tarea con éxito, una y otra vez. Mientras usted hace esto, condiciona su mente para tener éxito, y su cuerpo no tiene otra opción que seguir el ejemplo.

No diga nunca: "Lo intentaré". Intentarlo es mentir. Cuando alguien lo invita a una reunión y dice que intentará asistir, ¿con qué frecuencia se presenta? Lo más probable es que usted se lo piense dos veces y se vaya por una llamada telefónica o un mensaje de texto. "Intentar" es una palabra mentalmente difícil de usar por la gente. Da espacio para moverse y es para los perezosos. Nunca lo intente. SOLO HÁGALO como Nike.

Capítulo doce: Construir la autodisciplina y la motivación diaria

Probablemente usted conoce o ha escuchado de alguien que tiene el hábito de levantarse a las 4 a. m. Tal vez se tragó un reloj cuando era niño, por lo que tiene un horario rígido de dormir y despertar. Se levantan temprano, meditan, planifican su día, salen a correr y desayunan un batido de col y proteína de suero, todo ello antes de ir a trabajar a las 8 de la mañana.

Sin embargo, usted lucha con su alarma, se cae de la cama en un intento de apretar el botón de la siesta, pasa una hora tratando de prepararse para las actividades del día, y a las 8 a. m., están atrasado, todavía despidiéndose con lágrimas en los ojos de su mullida almohada. Usted sabe que podría hacerlo mejor. Usted lo jura cada Año Nuevo, pero ¿cómo usted planea crear el cambio que necesita desesperadamente?

Usted asume que el madrugador se despierta porque es más disciplinado. Los madrugadores están acostumbrados a atribuirle disciplina porque crea una imagen más bonita y halagadora. Lo que realmente sucede, sin embargo, es que estos pájaros madrugadores tienen una biología única y un tipo de personalidad que les permite adoptar un hábito que la mayoría de la gente encuentra molesto. No es como si se hubieran tragado un reloj; no son simplemente impulsados por la disciplina para despertar, sino la motivación para hacerlo. Les encanta cómo se sienten cuando se levantan temprano. Aprecian el viento en sus caras durante la carrera. Se sienten energizados por su poderoso desayuno.

Los hábitos que la gente ha practicado a lo largo de los años tienen caminos neuronales grabados en sus cerebros, por lo que hacen las cosas más simples como preparar una cafetera o atarse los cordones de los zapatos de cierta manera. Debido a que la gente equipara ciertos hábitos con la disciplina, y la disciplina con una moral fuerte, tratan de forzarnos a un molde que no es apto para ellos. Tomemos este caso, por ejemplo. Alguien descubre que su peso lo predispone a tener problemas de salud graves, así que emprende un programa de entrenamiento dedicado a Insanity Max 30. Al principio, sus brazos no les permiten hacer más de cinco flexiones de brazos al día. Sin embargo, con el tiempo, comienza a hacer ejercicios de 60 minutos cuatro veces a la semana. No se enferma, así que no tienen excusa para no entrenar. Entrena durante las vacaciones, los días en que empiezan temprano en la oficina, y a puerta cerrada durante sus descansos. Como resultado, pronto puede levantar 250 libras y hacer al menos 50 flexiones y pulsaciones de una sola vez.

Nada le impide hacer ejercicio para presumir de lo "disciplinado" que es. Sabe que esas cosas hacen que la gente se maraville, pero entonces se estaría mintiendo a sí mismo. No es una disciplina que lo mantenga en el gimnasio. Puede que haya empezado porque no quería tener un final difícil, pero siguió haciendo ejercicio porque disfrutaba de la sensación de estar animado incluso en días en los que no veía ningún progreso físico.

Esta guía no dice que la disciplina sea mala. Al contrario, la autodisciplina y la motivación son ambos ingredientes importantes para el éxito. Dicho esto, es absolutamente erróneo pensar que un rasgo supera al otro.

Cuando usted establece un objetivo, y quiere llegar a él, ¿no cree que es una ventaja añadida si lo hace de manera que disfrute del viaje? Aristóteles dijo, "Somos lo que hacemos repetidamente. La excelencia entonces no es un acto sino un hábito". Esto significa que, en la formación del hábito, la autodisciplina y la motivación son los ingredientes más importantes.

Por qué las personas anhelan la motivación

La motivación es el deseo o la voluntad de hacer algo. La motivación lo mantiene excitado para que las tareas difíciles e insuperables parezcan fáciles. Confiar en la motivación no lo lleva lejos porque está impulsado por la emoción, y las emociones fluctúan.

Por eso, a veces, usted quiere darse por vencido porque su deseo no es tan fuerte como lo fue el día o incluso el minuto anterior. La motivación es como el martillo de Thor, impulsando hacia adelante a gran velocidad, pero haciendo boomerang con la misma rapidez. Como se mencionó anteriormente, la motivación no es mala en absoluto. Pero usar solo la motivación para acercarse a un objetivo es como aplicar la velocidad para una carrera de 100 metros cuando se enfrenta a un maratón. Usted resoplará y resoplará y se dará por vencido en el camino, que es donde la disciplina entra en juego.

El caso de la disciplina

La autodisciplina es la habilidad que usted tiene de controlar sus sentimientos y deseos para perseguir los objetivos que se alinean con sus valores. ¿Puede ver cuán diferentes son la motivación y la disciplina? Una es impulsada por la emoción y el impulso, la otra por la determinación, sin importar el estado emocional en el que usted se encuentre.

Wesley So, el gran maestro de ajedrez número 2 del mundo, entrenó sin entrenador, pero solo logró esa hazaña con concentración y disciplina, abandonando su obsesión por Internet.

Wolfgang Amadeus Mozart, compositor extraordinario, entrenó intensamente desde los seis años, y a los diez, tenía habilidades que rivalizaban con las de sus pares y predecesores. También abandonó la Internet, es cierto, no existía en ese momento, pero se entiende el punto.

Todas estas historias de éxito han tenido su parte de días lluviosos. Estos individuos deben tener momentos en los que querían dejarlo, habiendo sido presa de sus emociones y distracciones. Sin embargo, nunca permitieron que sus sentimientos (¡o los videos de gatos!) les impidieran progresar.

Hábitos diarios que hacen que la motivación fluya sin esfuerzo

1. Siga su deseo: La motivación está alimentada por la pasión por alcanzar sus metas y visiones. Cuando es alimentada por el deseo, puede convertirse en un catalizador muy poderoso para poner las cosas en movimiento. Siga sus pasiones hasta el fin del mundo si es necesario.

2. Visualice sus objetivos: Esta es una forma muy efectiva de ver cómo sería su futuro si usted pone un poco más de trabajo en ello. Con la visualización, usted puede desterrar la autoafirmación negativa y otros sistemas de creencias que le impiden hacer un progreso significativo en sus objetivos a largo plazo.

3. Reevalúe sus objetivos: Otro hábito que mejora su desempeño es revisar sus metas todos los días. Usted puede hacer esto a primera hora de la mañana después de la meditación o al final del trabajo cada día. Hacer esto lo mantiene enfocado en sus objetivos, y ¿quién sabe? Algunas grandes ideas pueden aparecer en su cabeza.

4. Tome duchas frías: Puede que se burle de la idea de tomar duchas frías e incluso que la califique de loca, pero los espartanos conocían los muchos beneficios de los baños fríos. Aumenta la conciencia, la circulación sanguínea, la tolerancia al estrés y el alivio de la depresión. Sí, las duchas frías no son tan agradables al principio.

Sin embargo, una vez que usted se queda quieto, respira profundamente, y tranquiliza su mente, encontrará que puede manejar el frío más fácilmente. El aumento de energía es inigualable.

5. Lea un buen libro: La lectura le enseña a mantenerse concentrado durante un largo período. Mientras usted lee, condiciona su mente para retrasar la gratificación instantánea y comprometer su mente a enfocarse, para que usted entienda y procese la información. Una vez que usted hace de la lectura un hábito diario, llena su mente con mensajes motivadores y nuevas ideas. Comience su día con una mente comprometida leyendo por lo menos 30 minutos cada mañana.

6. Trabaje con su entorno: Todo el mundo es un producto del entorno del que procede. Es imposible separarse totalmente de su entorno. Su entorno influye en la forma en que piensa, siente y actúa, lo sepa o no. Haga de su entorno un terreno fértil. Llénelo de energía positiva. Hágase amigo de personas que le apoyen e inspiren para hacer más de lo que posiblemente pensaba que era capaz de hacer. Limite las distracciones y las personas tóxicas. Mejore su entorno inmediato con estimulantes visuales que lo hagan feliz y satisfecho. Esto puede ser un tablero de visión, fotos de personas inspiradoras y citas motivacionales.

7. Afirmaciones positivas: Las afirmaciones son declaraciones que le pueden ayudar a desafiar y superar los pensamientos negativos y de sabotaje. El simple hecho de usar palabras de afirmación como "Soy fuerte y poderoso" o "Soy suficiente" no funciona para todos. Usted podría intentar algo diferente, como tener recordatorios en su lugar. Cosas como, "El miedo es una brújula para la acción. Actúe y compórtese como quien quiera ser", o, " Decida seguir controlando mis sentimientos y mi felicidad". Todo lo demás es innecesario". Pegue estos mensajes en su escritorio o utilice notas Post-it para recordarle que debe trabajar con menos resistencia de la que usted está acostumbrado.

Estrategias poderosas para mejorar la autodisciplina

1. Empiece con algo pequeño: La disciplina no es una carrera corta, es un maratón. Para lograr esos grandes objetivos, debes establecer pequeños objetivos alcanzables y empezar a trabajar en ellos.

2. Formule un plan de acción: Un plan de acción siempre lo mantiene en curso para lograr sus objetivos. Si su objetivo es ponerse en forma, debe idear planes que pueda seguir para guiarle hacia él con facilidad. No basta con enunciar una meta.

3. Conozca sus debilidades: Reconocer las debilidades que usted tiene le permite alcanzar mejor sus objetivos. Estar en la negación no es ni práctico ni beneficioso. Tarde o temprano, sus debilidades lo desanimarán y lo obligarán a rendirse a mitad de camino.

4. Enfrente el fracaso con valentía: Es importante entender que el fracaso es parte del proceso. La actitud que usted tiene hacia el fracaso determinará en gran medida si usted está listo para el éxito. Un mal día no es suficiente para que usted se desanime y renuncie a sus sueños por completo.

5. Aproveche sus recursos: Habrá momentos en los que usted no esté seguro. Pedir ayuda no lo hace débil o vulnerable. Se necesita una persona verdaderamente fuerte para admitir que no puede hacerlo todo por sí misma. Mire a su alrededor y encuentre métodos para mejorar. Aproveche la tecnología, los sistemas de apoyo, la terapia, etc.

6. No espere a que se sienta bien: Nada se sentirá nunca perfecto. Si usted espera a que sus planes se perfeccionen, entonces nunca logrará que nada se haga. Abrace cada momento que tenga decidiendo concentrarse en hacer solo lo mejor que pueda.

7. Consiga un mentor: Los mentores tienen más experiencia que usted, y hay cosas que usted se sentirá más cómodo discutiendo con un mentor en comparación con un amigo, padre o colega. Aproveche los trozos de sabiduría que le da un mentor. Estos consejos sin adornos le darán la información que necesita para tener éxito.

8. Cuídese: La autodisciplina no vale nada si usted tiene que romperse el cuello para lograrlo. Una gran parte de la autodisciplina es darse cuenta de que usted también necesita un poco de atención. Tome descansos a lo largo del día. Encuentre tiempo para reírse a carcajadas, coma una dieta saludable y duerma lo suficiente. Todo esto ayuda a aumentar la productividad.

La disciplina es un trabajo agotador. Usted fracasará muchas veces y querrá realizar menos actividades exigentes. Usted se sentirá mal muchas veces. ¡Pero se hace más fácil! Con motivación, realmente usted disfruta del paseo. Empezar es siempre la parte más difícil, pero la práctica constante reduce las montañas a las que usted se enfrenta a nada más que polvo.

Conclusión

Antes de que este libro se termine, necesita enfatizar un par de cosas. Usted ha leído todos los capítulos. Felicitaciones. ¿Y ahora qué? ¿Qué pasa después? ¿Va usted a tirar este libro donde ha tirado todos los demás libros de gestión del tiempo, productividad y autodisciplina que ha comprado? Bueno, esa es una de sus prerrogativas. Sin embargo, ¿dónde lo deja eso? ¿Cómo ha cambiado de solo leer estos libros? Probablemente usted no ha cambiado mucho si es de los que compran libros como estos solo para leerlos y tirarlos.

Así que aquí, ahora, haga un voto. Comprométase a usted mismo que esta vez va a ser diferente. ¿Cómo será diferente? Es simple. Actúe sobre al menos una cosa que usted haya aprendido en este libro. Revise los capítulos de nuevo y vea dónde usted sabe que podría hacer algunos cambios en su vida. Luego comprométase a hacer una pequeña cosa al día. Puede ser que usted decida empezar a hacer ejercicio. O usted podría decidir levantarse diez minutos antes para poder meditar un poco. Sea lo que sea, compruébelo. Hágalo parte de su día.

Aprenda a hacer que ciertas cosas no sean negociables. Por ejemplo, no está nada bien que alguien venga a su casa y empiece a servirse de todas sus cosas. Eso es obviamente algo que nunca permitiría que sucediera. Usted los echaría en un abrir y cerrar de ojos y se aseguraría de que nunca más vuelvan a venir. Bueno, usted necesita tomar esa misma actitud y aplicarla a su vida.

Aquí y ahora, decida que ha terminado con la pereza y la falta de disciplina. Decida que va a limpiar el desastre de su vida, y luego comprométase con esa decisión tomando medidas. Usted quiere ciertas cosas en la vida. Usted quiere la sensación de logro y éxito. Usted quiere verse a sí mismo siendo el tipo de persona que admira cuando camina o pasa por delante de usted. No va a suceder si usted sigue siendo tan perezoso. No va a suceder si no despega su cuerpo del sofá, se ducha, se limpia y hace algo para que su vida funcione.

No todo en este libro funcionará para usted. Sin embargo, la única manera de saber lo que funciona para usted es aplicar lo que está aprendiendo. Usted tiene los elementos básicos con los que puede hacer una diferencia en su vida. Este no es el momento de quedarse atascado en la parálisis del análisis, buscando el próximo libro nuevo o el nuevo truco o el nuevo gurú. Nadie puede hacer que usted se levante y se ponga en marcha, excepto usted. Así que, actúe ahora. Mírese en el espejo y dígase a usted mismo que vale la pena. Usted vale la pena el cambio. Usted vale el éxito y el progreso que busca, en todos los aspectos de su vida. Usted y solo usted puede liberar su espartano interior, y tomar el control de su vida como un completo tipo duro. Pero usted tiene que comprometerse.

Si su problema es la postergación, con este libro, tiene las claves para vencer ese hábito. Usted sabe lo que necesita, para desarrollar una columna vertebral. Usted necesita fortaleza mental. Usted necesita disciplina. Así que haga lo que pueda con lo que ha aprendido de este libro, y observe como se sorprende con el progreso que hace. El cambio que usted desea está a solo una acción de distancia. Un poco de acción cada día es más que suficiente para ayudarle a convertirse en una persona auto disciplinada y mentalmente fuerte que ha reunido sus cosas y maneja su tiempo y energía como un jefe, completamente a cargo de su vida.

Usted es el que está a cargo. No su jefe, ni su cónyuge, ni el gobierno. Usted y solo usted tiene la última palabra en lo que respecta a su vida. ¿Usted se siente cómodo con las cosas que van directo al río de las tonterías? ¡No, no lo está!

Si usted está listo para ver cuánto mejor puede ser como persona, cuán lejos puede empujarse a usted mismo, cuánto más alto usted puede ir, y cuánto más usted puede brillar, entonces siga adelante y relea este libro. Y luego póngase en acción. Si esta es la actitud que usted tiene, entonces una cosa es segura:

Usted es un ganador. Y usted está más de la mitad del camino a la cima.

La vista es súper agradable ahí arriba. Usted tiene que verlo. ¡Ahora haga que suceda!

Referencias

Barron, K.E., y J.M. Harackiewicz. 2001. *Achievement Goals and Optimal Motivation*

Testing Multiple Goal Models. Journal of Personal Social Psychology.

Deci, E.L., R. Koestner, y R.M. Ryan. 1999. *A Meta-analytic Review of Experiments Examining the Effects of Extrinsic Rewards on Intrinsic Motivation. Psychological Bulletin.*

Ellis, A.E., y W.J. Knaus. 1979. *Overcoming Procrastination.* Nueva York: Nueva Biblioteca Americana.

Ferarri, J.R., y T.A. Pychyl, eds. 2000. *Procrastination: Current Issue and New Directions (Special Issue) Journal of Social Behavior and Personality.*

Harriot, J.L., y J.R. Ferrari. 1996. *Prevalence of Procrastination Among Samples of*

Adults. Psychological Reports.

Kelly, G. 1955. *The Psychology of Personal Constructs.* New York: Norton.

Knaus, W.J. 2000. *Take Charge Now: Powerful Techniques for Breaking the Blame Habit.* Nueva York: John Wiley e Hijos.

Tice, D.E., E. Bratslaysky, y R.M. Baumeister. 2001. *Emotional distress takes precedence over impulse control: If you feel bad do it! Journal of Personality and Social Psychology*

www.ingramcontent.com/pod-product-compliance
Lightning Source LLC
Chambersburg PA
CBHW070048230426
43661CB00005B/806